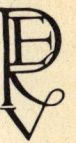

rowohlts monographien

HERAUSGEGEBEN

VON

KURT KUSENBERG

MARCUS TULLIUS CICERO

IN
SELBSTZEUGNISSEN
UND
BILDDOKUMENTEN

DARGESTELLT
VON
MARION GIEBEL

ROWOHLT

Dieser Band wurde eigens für «rowohlts monographien» geschrieben
Den Anhang besorgte die Autorin
Herausgeber: Kurt Kusenberg · Redaktion: Beate Möhring
Schlußredaktion: K. A. Eberle
Umschlagentwurf: Werner Rebhuhn
Vorderseite: Cicero. Rom, Lateran
Rückseite: Römische Würdenträger. Nordfries der Ara Pacis

Veröffentlicht im Rowohlt Taschenbuch Verlag GmbH,
Reinbek bei Hamburg, Dezember 1977
© Rowohlt Taschenbuch Verlag GmbH, Reinbek bei Hamburg, 1977
Alle Rechte an dieser Ausgabe vorbehalten
Satz Aldus (Linotron 505 C)
Gesamtherstellung Clausen & Bosse, Leck/Schleswig
Printed in Germany
680-ISBN 3 499 50261 5

INHALT

Cicero. Rom, Kapitolinisches Museum

DER HOMO NOVUS AUS ARPINUM

Wie so viele bedeutende Vertreter des Römertums ist auch Marcus Tullius Cicero nicht in Rom geboren. Er kam am 3. Januar 106 v. Chr. in Arpinum zur Welt, einem kleinen Landstädtchen im Volskerland am Flusse Liris, etwa 100 Kilometer südöstlich von Rom. Dort besaß die Familie ein Landgut. Der Vater gehörte dem römischen Ritterstand an und hatte als Bürger von Arpinum das Stimmrecht in der Tribus Cornelia in Rom, einem der städtischen Wahlbezirke. Die Mitglieder des römischen Ritterstandes, des ordo equester, nahmen in der politischen Rangordnung die zweite und minder angesehene Stellung ein nach der Nobilität, einem exklusiven Kreis miteinander versippter stadtrömischer Adelsfamilien, die fast ausschließlich die Beamten für die Staatsverwaltung stellten: Konsuln, Praetoren, Prokonsuln und Zensoren, die das Imperium Romanum in der Form einer aristokratisch geführten Republik regieren. Aus diesen Magistraten rekrutierte sich dann der Senat, dem als kontinuierlichem Verfassungsorgan neben den jährlich wechselnden Beamten das stärkste politische Gewicht zukam. Zur Nobilität durften sich alle ehemaligen Beamten rechnen, die ihren Sitz im Senat einnahmen, im strengeren Sinne gehörten jedoch nur die Abkömmlinge jener Familien dazu, die bereits einen oder mehrere Konsuln gestellt hatten. Die römische Nobilität war also ein Amtsadel. Wie sehr und wie ausschließlich die römische Politik, deren Parteienwesen nicht mit unserem heutigen gleichzusetzen ist, auf einer engen Verflechtung dieser Adelsfamilien beruhte, haben uns die Forschungen von Münzer und Gelzer gelehrt. Der Einfluß der Politiker basierte neben der Unterstützung durch die befreundeten und verwandten Adelsfamilien vor allem auf der Institution der Klientel, einem Gefolgschaftswesen besonderer Art. Die Klienten, sozial niedriger stehende Bürger aus Stadt und Land, begaben sich in den Schutz eines adligen Patrons, der ihre Interessen wahrnahm. Dafür gaben die Klienten dem Patron ihre Stimme bei den Wahlen und bildeten sein Gefolge bei politischen Auftritten. Das Ansehen eines Politikers wurde unter anderem danach bemessen, wieviel Leute sich beim Morgenempfang in seinem Hause drängten. Darunter befanden sich neben den eigentlichen Klienten noch zahlreiche höhergestellte Personen, die auf Grund erwiesener Dienste – z. B. Verteidigung vor Gericht – in einem formlosen, aber dennoch höchst verpflichtenden Dankbarkeitsverhältnis zu dem Patron standen. Diese Verwandtschafts-, Gefolgschafts- und Gefälligkeitsbindungen spielten die entscheidende Rolle im politischen Leben, und ein Mann, der in Rom Karriere machen wollte, ohne aus einer der führenden Adelsfamilien zu stammen und ohne eine illustre Reihe von Verwandten in den höchsten Staatsämtern aufweisen zu können, befand sich von vornherein in der Außenseiterrolle. Er war der homo novus, der neue Mann, der Emporkömmling, der meist zeit seines Lebens nicht als völlig ebenbürtig galt und ständig um die Anerkennung der adelsstolzen Aristokraten zu ringen hatte. Wie zäh die Nobilität ihren Vorrang behauptete, zeigt die

Tatsache, daß vom Jahre 366 v. Chr. bis zu Ciceros Konsulat im Jahre 63 v. Chr. nur 15 homines novi aus dem Ritterstand zum Konsulat aufgestiegen waren. Cicero war ein solcher homo novus, ein politischer Selfmademan, und daß er sich zeitlebens mit den aus dieser Lebenssituation erwachsenen Schwierigkeiten konfrontiert sah, hat ihn geprägt.

Vieles in seinem Leben ist nur unter diesem Aspekt zu verstehen. An Cicero offenbaren sich die charakteristischen Merkmale des homo novus mit besonderer Deutlichkeit: Die Unebenbürtigkeit stachelt ihn zu großen Leistungen an, zum Brillieren auf einem bestimmten Gebiet, sei es die Redekunst oder die Wissenschaft, um so den anderen überlegen zu sein und von ihnen anerkannt zu werden. Die Sonderstellung der «neuen Männer» bringt es mit sich, daß sie die Probleme ihres neuen Standes besonders kritisch und distanziert zu sehen vermögen und daß sie gleichzeitig dessen Normen und Wertbegriffe am hartnäckigsten verteidigen, weil sie ihnen nicht durch eine adelige Herkunft, sondern durch eigene Erkenntnisse zuteil geworden sind. Es war der homo novus Cicero, der am leidenschaftlichsten die politische und moralische Regeneration des Senatorenstandes forderte und niemals müde wurde, diese als Voraussetzung eines gesunden und leistungsfähigen Staatswesens ins Bewußtsein aller zu bringen. Über seine Benachteiligung beim

Gegend bei Arpinum. «Von der fürchterlichen Hitze habe ich mich während der freien Tage in Arpinum erholt und die liebliche Flußlandschaft genossen», schreibt Cicero an seinen Bruder

*Die kapitolinische Wölfin. Etruskisch, 5. Jahrh. v. Chr. Rom, Konservatorenpalast.
Die Blitzspuren, von denen Cicero in der 3. Catilinarischen Rede spricht, sind heute
noch sichtbar*

Aufstieg bemerkt Cicero: *Mir stand nicht das gleiche offen wie denen, die
hochwohlgeboren sind, denen die Ehren und Auszeichnungen des römischen
Volkes im Schlaf zufallen, ich mußte unter einem ganz anderen Gesetz und
anderen Bedingungen hier in diesem Staate leben.*[1]* Noch im Jahre 54 v.
Chr. nannte man ihn spöttisch den «Romulus aus Arpinum», was ihn aber
nicht hinderte, sich nach wie vor zu seinem Geburtsort zu bekennen, dem er
in seiner Schrift *de legibus* (*Von den Gesetzen*) ein Denkmal gesetzt hat. Dort
erzählt er seinem Freund Atticus, daß er so gern in Arpinum weilt, *denn hier
ist eben genaugenommen die eigentliche Heimat für mich und meinen
Bruder. Von hier stammen wir, aus einer alten, eingesessenen Familie, hier
sind unsere Familienheiligtümer, hier steht unser Stammhaus und alles, was
an die Vorfahren erinnert. Was soll ich noch viele Worte machen? Du siehst
hier das Gutshaus, so wie es jetzt ist, etwas ansehnlicher umgebaut von
meinem Vater, der seine Sorge darauf verwandt hat. Hier hat er sein Leben
mit seinen Büchern verbracht, mit seiner Gesundheit stand's nicht zum
Besten. Und hier an diesem Ort bin ich geboren, als der Großvater noch lebte
und das Haus noch klein und bescheiden war, wie eben damals üblich, ganz
wie das Häuschen des Curius im Sabinerland. Darum steckt irgend etwas tief*

---

* Die hochgestellten Ziffern verweisen auf die Anmerkungen S. 137f.

Rom, Forum Romanum: Tempel des Saturn.
In seinem Gewölbe befand sich das Aerarium, der Staatsschatz

in mir, weshalb mir der Aufenthalt an diesem Ort so ganz besonders wohl-
tut. Aber schließlich hat es ja auch seinen Grund, daß, wie es heißt, jener
berühmte kluge Mann die Unsterblichkeit zurückgewiesen hat, nur um sein
Ithaka wiederzusehen.[2] Und er fährt fort, jeder Bürger eines Municipiums,
einer Landstadt, habe eine zweifache Heimat: Rom, dessen Bürgerrecht er
besitze und dem jeder seine Dienste widmen müsse, und den Ort, der ihn
gezeugt habe.

Der Familie Ciceros, obschon zum Ritterstand gehörig, fehlte es nicht an
Verbindungen zu Senatorenkreisen in Rom. So waren zwei Familienmitglie-
der, Gratidius, der Bruder der Großmutter, und Aculeo, der Onkel, mit den
berühmten Rednern und Konsularen Marcus Antonius und Lucius Licinius
Crassus befreundet. Diese Verbindung zur stadtrömischen Nobilität galt es
auszunutzen, um Marcus und seinem vier Jahre jüngeren Bruder Quintus die
denkbar beste Erziehung und Ausbildung zuteil werden zu lassen und damit
die Voraussetzung für eine politische Karriere zu schaffen. Deshalb zog der
Vater mit den beiden Söhnen nach Rom, wo er am Esquilin ein Haus besaß,
um sie dort unterrichten zu lassen.

Schon zu Beginn des Schulunterrichts, der nach den Richtlinien des Redners Crassus erfolgte, zeigte sich die außergewöhnliche, mit großem Fleiß und Eifer verbundene Begabung des jungen Marcus. Er selber spricht davon, daß ihm von seiner Knabenzeit an die homerische Maxime als Leitstern diente: «Immer der erste zu sein und sich auszuzeichnen vor andern.»[3] Im Jahre 90 v. Chr. empfing Cicero aus den Händen des Vaters die toga virilis, die Männertoga. Dies war ein feierlicher Akt, der den Eintritt in die Erwachsenenwelt bezeichnete. Der junge Mann wurde in festlichem Zug aufs Forum geleitet, und dort erfolgte die Eintragung in die Bürgerliste. Anschließend wurde er der römischen Sitte gemäß in der Form der deductio führenden Persönlichkeiten des öffentlichen Lebens beigegeben. In deren Gefolge wurde er Zeuge des Wirkens der Politiker auf dem Forum und im Senat und lernte so die politische Praxis kennen. Der hochverehrte Crassus war 91 v. Chr. gestorben, und Cicero kam zu einem berühmten Rechtsgelehrten, dem Augur Quintus Mucius Scaevola. Dieser war schon hochbetagt. Er hatte im Jahre 117 v. Chr. das Konsulat innegehabt. Cicero nahm an den Rechtsberatungen des Scaevola teil und legte damit den Grundstein zu seiner profunden Kenntnis des privaten und öffentlichen Rechts. Zugleich lernte er im Hause des Scaevola alle führenden Männer seiner Zeit kennen. Das Wichtigste aber war die Verbindung des alten Scaevola mit der Ideenwelt des Scipionenkreises und die grundlegende geistige Prägung, die Cicero aus dieser lebendigen römischen Tradition heraus erhielt. Scaevolas Schwiegervater war Laelius gewesen, der hochgebildete, feinsinnige Freund des jüngeren Scipio Africanus, des Zerstörers von Karthago. Um diesen Scipio, eine der berühmtesten Persönlichkeiten Roms, hatte sich ein Kreis führender Männer gebildet, Griechen wie Römer, die in ihrer Aufgeschlossenheit für die geistigen und kulturellen Strömungen ihrer Zeit die erste und zugleich äußerst bedeutungsvolle Begegnung des Römischen mit dem Geiste des Hellenentums ermöglichten.

Um die Mitte des 2. vorchristlichen Jahrhunderts hatte Rom den griechischen Osten erobert, 146 v. Chr. war Griechenland als Provinz Achaia dem Weltreich eingegliedert worden. Es waren nicht nur die materiellen Werte der fremden Kultur, die Reichtümer des Ostens mit ihren schädlichen, zersetzenden Einflüssen, die in der Folge dieser Eroberung nach Rom gelangten und gegen die ein Cato wetterte: Auch die griechische Philosophie und ihr Menschenbild fand Eingang in das römische Denken und schuf schließlich in der Verschmelzung mit römischer Art die spezifische Geisteshaltung der humanitas. Sie bezeichnet kurz gesagt das, was den Menschen zum Menschen macht, seine Kulturtätigkeit, die Vergeistigung des Lebens, und zugleich ein bestimmtes Verhältnis von Mensch zu Mensch, das wir human nennen. Horaz beleuchtet nur die eine Seite dieses Übernahmevorgangs, wenn er in seinen berühmten Versen sagt:

> Graecia capta victorem cepit et artis
> Intulit agresti Latio . . .

Wandgemälde aus Pompeji: Cheiron als Lehrmeister des Achill. Neapel, Museo Nazionale

(Griechisch Land ward erobert, erobernd den rauhen Besieger führt' es die Kunst in Latium ein, beim Volke der Bauern.)[4]

Daß diese Übernahme griechischen Gedankengutes nicht zur bloßen Adaption wurde, sondern zu etwas Neuem führte, zu dem die griechische Philosophie einerseits und das römische Tugend- und Wertesystem andererseits zu gleichen Teilen beisteuerten, war vor allem das Verdienst solch hervorragender Persönlichkeiten, wie sie sich im Scipionenkreis zusammen-gefunden hatten. Die beiden bedeutendsten Griechen ihrer Zeit, der stoische Philosoph Panaitios und der Historiker Polybios, lebten hier ohne den damals weitverbreiteten griechischen Dünkel, zwar militärisch besiegt, aber geistig turmhoch überlegen zu sein, mit den römischen Politikern Scipio, Laelius und Rutilius Rufus in geistigem Austausch zusammen. Dieser Kreis wurde in den Gesprächen des alten Scaevola lebendig, wie Cicero zu Anfang seines philosophischen Dialogs *Laelius* berichtet. In seinem Hauptwerk *de re publica* (*Vom Staat*) setzt er dann Scipio Africanus und seinen Freunden ein Denkmal. Ohne Zweifel sind sie von Cicero stark idealisiert worden, sie spielten für ihn, den homo novus, die Rolle einer geistigen Ahnengalerie. So hebt er später den adelsstolzen Römern gegenüber seine Geistesverwandt-schaft mit dem jüngeren Africanus hervor, eine Verwandtschaft auf Grund gleicher staatsmännischer Tugenden und der Beschäftigung mit den Wissen-schaften, *die sozusagen nicht weniger eng ist als die, auf die ihr euch so wohlgefällig beruft, die des Stammes und des Namens*[5]. Die Mitglieder des Scipionenkreises und andere berühmte Staatsmänner, die vom griechischen Geist durchdrungen und der römischen res publica verpflichtet waren, wur-den in diesem Stadium seiner Entwicklung zu seinen Vorbildern, die für sein politisch-philosophisches Denken zeitlebens bestimmend blieben.

Nach dem Tode des Augurs Scaevola – etwa 87 v. Chr. – kam Cicero in die Obhut eines anderen Mannes aus dieser Familie, des Pontifex Maximus Quintus Mucius Scaevola, Konsul 95 v. Chr. Auch bei ihm betrieb er Rechts-wissenschaft, bis der plötzliche Tod des Pontifex – er wurde 82 v. Chr. ermordet – Ciceros tirocinium fori, seiner Ausbildungszeit, ein Ende setzte.

In den Jahren 90/89 v. Chr. war Cicero Soldat im Bundesgenossenkrieg. Die Italiker – sie besaßen nur den rechtlichen Status von Bundesgenossen – hatten, nachdem ihnen das römische Bürgerrecht verweigert worden war, im Jahre 91 v. Chr. einen blutigen Krieg entfesselt, der ihnen nach hohen Verlusten auf beiden Seiten 89 v. Chr. die Gleichstellung mit den Römern brachte. Doch dieser Krieg war nur der Auftakt zu einem Jahrhundert politischer Wandlungen und gewaltsamer Veränderungen, in dem die römi-sche Republik, von Kriegen und innenpolitischen Wirren erschüttert, schließlich durch die Herrschaft eines einzelnen Mannes abgelöst wurde.

Bereits das 2. Jahrhundert hatte große Umwälzungen gebracht und die politische Szene der Mittelmeerwelt verwandelt. Rom besiegt 197 v. Chr. Philipp V. von Makedonien, 189 v. Chr. Antiochos III. von Syrien, 168 v. Chr. Philipps Sohn Perseus, erobert und zerstört 146 v. Chr. Karthago und Korinth und wird damit zum Schiedsrichter der Mittelmeerwelt. Die innen-politischen Folgen der langen Kriege und des Aufstiegs zur Weltmacht haben Italien und Rom nachhaltig verändert. Die Verwüstungen des 2. Punischen Krieges und die langjährige Abwesenheit der Kleinbauern während des Kriegsdienstes in fremden Ländern haben eine neue Struktur der Agrarwirt-schaft gebracht: Die unbebauten Ackerflächen werden in Latifundien, in große Güter, umgewandelt, die die Großgrundbesitzer durch Sklaven und Kriegsgefangene bewirtschaften lassen. Da die Eroberung des Ostens den

Römer mit Ahnenbüsten, sog. Togatus Barberini, 1. Jahrh. v. Chr.
Rom, Palazzo Barberini

Massenimport von billigem Getreide ermöglicht und den eigenen Anbau
unrentabel macht, stellt man sich auf Plantagenwirtschaft mit Viehzucht und
Anbau von Wein und Ölbäumen um. Die besitzlos gewordene Masse der
Landbewohner strömt in Rom zusammen und bildet dort die Plebs, ein
großstädtisches Proletariat, das durch Getreidespenden vom Staat unterhal-
ten wird und einen ständigen Unruheherd darstellt. «Panem et circenses»,
Brot und Spiele, lautet sein Schlachtruf; die Auswüchse der römischen

Wahlkämpfe mit Bestechungen unerhörten Ausmaßes und blutigen Straßenschlachten sind ohne diese Entwicklung nicht denkbar. Während die besitzlosen Massen immer weiter verelendeten, wurde die Nobilität immer reicher durch die aus den hemmungslos ausgebeuteten Ostprovinzen nach Rom strömenden Geldmittel und Luxusgüter. Die Reformbewegung der Gracchen wollte diesem Übelstand entgegenwirken. Zuerst versuchte Tiberius Gracchus 133 v. Chr. mit Hilfe eines Landverteilungsgesetzes eine Neuansiedlung der besitzlosen Massen auf dem Lande zu erreichen, und nach ihm strebte sein Bruder Gaius eine noch weitergehende Reform des Staates an. Die gracchische Bewegung endete jedoch in blutigen Unruhen mit dem Tode der beiden Brüder. Ihre Bemühungen stießen nämlich auf den stärksten Widerstand der nobiles, der Optimaten, die eine Enteignung ihres Besitzes und eine Schmälerung ihrer politischen Position befürchteten. Andererseits mobilisierten die durch die gracchische Bewegung geweckten Hoffnungen die Masse der Besitzlosen und formten sie zu einer politischen Gruppe, die man als Volkspartei bezeichnen kann. Deren Anhänger, die populares, besaßen zwar keine feste Bindung im Sinne einer modernen Partei, sie ließen sich aber von geschickten Politikern als Anhängerschaft und Gegenpol zur Nobilität, den Optimaten, gebrauchen. Dabei müssen jedoch Begriffe wie demokratisch als Definition für die Volkspartei und deren Führer bzw. aristokratisch für die Nobilität ferngehalten werden. Ein Politiker wie Cicero oder Cato rechnete sich zur Nobilität, ohne damit das demokratische Element, das die Volksversammlung verfassungsmäßig darstellte, abzulehnen. Wie wenig andererseits ein Politiker als demokratisch im modernen Sinne zu bezeichnen ist, der als Führer der Volkspartei auftrat, zeigt das Beispiel Caesars, der sich auf die Popularpartei stützte, um die Alleinherrschaft zu erringen. Die Bezeichnung eines Politikers als popular oder optimatisch gibt im Grunde nur darüber Aufschluß, ob er sich zur Durchsetzung seiner Ziele mehr auf die Volksversammlung oder auf den Senat stützte.

Die Folgen dieser sozialen und wirtschaftlichen Mißstände seit der Gracchenzeit bildeten den politischen Zündstoff für das ganze folgende Jahrhundert. Was wir als wirtschaftlich-soziales Problem bezeichnen war für die Antike hauptsächlich eine moralische Frage. Das geschichtliche und politische Denken der Römer wurzelte zutiefst in ethischen Vorstellungen. Das Ideal war die res publica der Vorfahren, die ihre Stärke aus ihrer moralischen Integrität bezogen hatte; seitdem drohte immer die Gefahr eines Abstiegs. Die Zeitgenossen waren sich bewußt, daß die republikanische Staatsform seit dem Ende des 3. Punischen Krieges und der Eroberung des Ostens in eine Krise geraten war. Scipio Nasica hatte dem ständigen Drängen des alten Cato: «Ceterum censeo Carthaginem esse delendam» (Im übrigen bin ich der Meinung, daß Karthago zerstört werden muß)[6] seinerzeit die Forderung entgegengestellt, Karthago zu erhalten. Er soll dies in der Absicht getan haben, durch die drohende Gegenwart des alten Erbfeindes Roms innere Kräfte zu stärken und seine Disziplin zu bewahren. Auch Cato warnte immer wieder davor, die altrömische Art preiszugeben und sich den negativen Einflüssen des Griechentums, seiner übertriebenen Individualisierung und

Bindungslosigkeit, sowie den Annehmlichkeiten seiner Zivilisation hinzuge-
ben. Die Abwendung von altrömischer Sitte, die sich auch im Egoismus der
Reichen und dem mangelnden Verantwortungsgefühl für die Abhängigen
und Untertanen zeigte, wurde von Cato scharf gegeißelt. Er wie auch Polybios und später Sallust und Cicero sahen die Lösung des Problems nur in einer
radikalen Sinneswandlung der führenden Kreise: Abkehr von Habgier und
Luxusstreben, Hinwendung zur verantwortungsbewußten, schlichten Art
des – freilich stark idealisierten – alten Römertums. Auf den ersten Blick mag
diese antike Anschauung als eine starke Vereinfachung des Problems erscheinen, doch bleibt die Frage, ob nicht jedem sozialen Problem letztlich ein
moralisches zugrunde liegt, des Nachdenkens wert.

Im Anschluß an den Bundesgenossenkrieg wurde Rom von äußeren Gefahren bedroht: Die Kimbern und Teutonen standen an den Grenzen Italiens.
Um dieser Gefahr zu begegnen, wählte der Senat Gaius Marius, wie Cicero
ein homo novus aus Arpinum, fünfmal hintereinander zum Konsul (104–100
v. Chr.). Dieser reformierte das Heerwesen und ersetzte das Bürgeraufgebot
durch ein Berufsheer, zu dem die besitzlosen Bürger Italiens und das groß-
städtische Proletariat herangezogen wurden.

Die Truppe wurde dadurch ein schlagkräftiges Instrument in der Hand
ihres Feldherrn, der sie nun freilich auch als persönliches Machtmittel in der
Politik einsetzen konnte. Marius besiegte die Kimbern und Teutonen 102/
101 v. Chr. bei Aquae Sextiae und Vercellae, und als sich im Osten unter der
Führung von König Mithridates VI. von Pontus eine neue Bedrohung des
römischen Reiches abzeichnete, sollte der siegreiche Feldherr nach dem
Wunsch der Volkspartei den Oberbefehl in diesem sogenannten 1. Mithridatischen Krieg erhalten. Doch dieses Amt war durch das Los bereits Lucius
Cornelius Sulla zugefallen, einem entschiedenen Anhänger der Nobilität, der
in den vorangegangenen Kriegen großes militärisches und politisches Geschick gezeigt hatte und zum Konsul für das Jahr 88 v. Chr. gewählt worden
war. Die Anhänger des Marius und die Gegner der Senatspartei erreichten in
gemeinsamem Vorgehen durch einen Volksbeschluß, daß man Sulla das ihm
rechtmäßig zugefallene Oberkommando wieder abnahm und es dem Marius
übertrug. Darauf trat Sulla den Marsch auf Rom an und entfesselte damit
einen blutigen Bürgerkrieg. Er zog als Sieger in Rom ein, errichtete jedoch
keine Militärdiktatur, sondern stellte die Macht des Senats wieder her und
zog dann in den Osten. In der Zwischenzeit bemächtigten sich Marius und
sein Parteifreund Cinna der Herrschaft und errichteten ein Schreckensregiment in Rom, dem zahlreiche Mitglieder der Nobilität zum Opfer fielen. 82
v. Chr. kehrte Sulla als Sieger über Mithridates nach Rom zurück und hielt
ein blutiges Strafgericht. Seine Feinde wurden in den berüchtigten Proskrip-
tionslisten namentlich bekanntgemacht und für vogelfrei erklärt. Wer sie
tötete, erhielt eine Belohnung, ihre Güter wurden eingezogen und verstei-
gert. Dann ließ sich Sulla zum Diktator ernennen. Die altrömische Form der
Diktatur übertrug in Krisenzeiten einem Beamten außerordentliche Vollmachten und war auf höchstens 6 Monate begrenzt. Sullas Stellung jedoch
ging weit darüber hinaus. Um die Nobilitätsherrschaft zu sichern, führte er

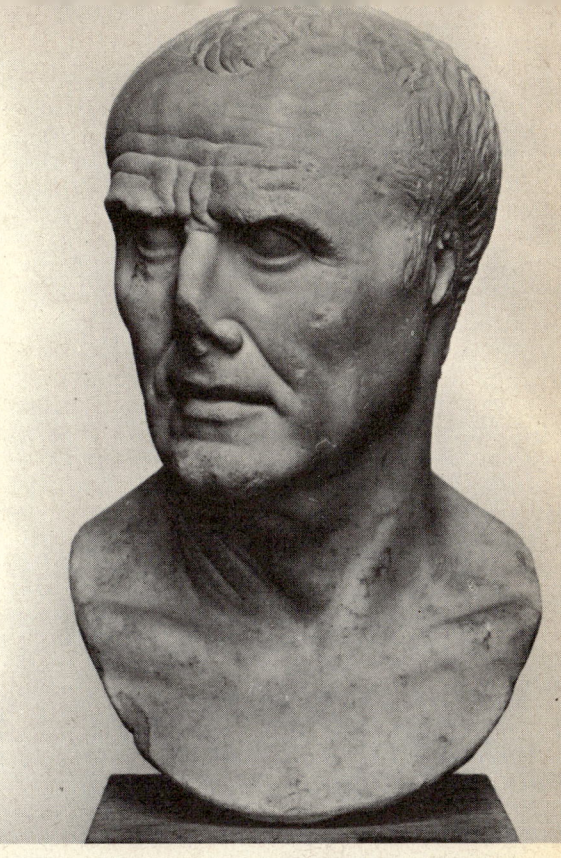

eine Neuordnung der Verfassung durch. Zu seinen wichtigsten Regelungen gehörte folgendes: Die Gerichte wurden nur mit Senatoren besetzt, die Ritter waren ausgeschlossen. Das Amt der Volkstribunen, das ausgleichend zwischen Senat und Volksversammlung wirken sollte, aber oft als Agitationsbasis gegen die Senatsherrschaft benutzt worden war, wurde völlig abgewertet. Diese Anordnungen wurden später wieder aufgehoben, die dritte blieb jedoch weiterhin in Kraft: Die höchsten Beamten, Konsuln und Praetoren, gingen nach Ablauf ihrer Amtszeit, während der sie in Rom mit Aufgaben der Zivilverwaltung beschäftigt waren, anschließend für ein weiteres Jahr als Prokonsuln bzw. Propraetoren in eine Provinz. Die Statthalterschaft war verbunden mit dem imperium, der obersten militärischen Befehlsgewalt, die automatisch mit dem Ablauf des Amtsjahres erlosch. Damit wurde der Beamte wieder zum Privatmann und mußte darauf gefaßt sein, wegen etwaiger Übergriffe vor Gericht gezogen zu werden. Die sullanische Neuordnung, zu der außerdem eine Veteranenansiedlung größeren Ausmaßes gehörte, brachte im einzelnen manche positiven Maßnahmen, doch bot sie im ganzen durch ihren starren, restaurativen Charakter viele Angriffsflächen und bereitete den Boden für neue innenpolitische Spannungen.

In dieser Zeit des Bürgerkriegs und der sullanischen Diktatur beendete Cicero seine Lehrjahre und begann nach Ableistung der Militärzeit seine Karriere. Die Ausbildung zielte auf die übliche römische Ämterlaufbahn, für die sich der junge Römer als Anwalt die Sporen verdiente. In aufsehenerregenden politischen Prozessen vermochte er die für die Wahlen so nötige Popularität zu erringen und konnte sich zugleich politisch profilieren. Da in Rom im Gegensatz zu Griechenland der Angeklagte vor Gericht nicht selber das Wort ergriff, sondern sich durch seinen Anwalt vertreten ließ, trug dieser die volle Verantwortung für seinen Klienten. Er war der patronus, und das Verhältnis zwischen Klient und Anwalt war auf fides, auf Treue und Pflichtbewußtsein, gegründet. So konnte sich der Anwalt durch seine Gerichtstätigkeit eine Klientel schaffen, was besonders für einen homo novus, der nicht schon durch seine Familienzugehörigkeit eine große Anhängerschaft besaß, von ausschlaggebender Bedeutung war. Cicero wurde also Anwalt. Er ist diesem Beruf zeit seines Lebens treu geblieben und hat in ihm die größten und unbestrittensten Erfolge seiner Laufbahn gehabt.

Rede und Wort sind für ihn nie nur Mittel zum Erreichen politischer Zwecke gewesen, das zeigt bereits seine rhetorische Jugendschrift *de inventione* (*Von der rednerischen Erfindungskunst*). Was sie über die üblichen, vom Griechischen beeinflußten und zum praktischen Gebrauch bestimmten rhetorischen Einführungsschriften hinaushebt ist ihr philosophisch-politischer Charakter. *Ratio atque oratio*, beides gehört zusammen: Vernunftgemäßes, verantwortungsbewußtes Handeln darf von der Redekunst nicht getrennt werden, da sie sonst zum Werkzeug in der Hand des Demagogen wird, so lautet ein Kernsatz.[7] Die Redekunst ist immer auf die res publica als höchstes Ziel bezogen. Gerade weil die Gefahr eines Mißbrauchs so groß und so folgenschwer ist, meint Cicero, müssen die verantwortungsbewußten Bürger sich der oratio mit allem Eifer widmen, um dem Zerstörungswerk der Schlechten Einhalt zu tun. Die Redekunst ist, vorausgesetzt, sie wird durch die Vernunft geleitet, in der Lage, dem Staat die meisten Vorteile zu bringen; sie verhilft zu Ansehen und Würde und verleiht ihren Freunden den sichersten Schutz. Diese Auffassung der Redekunst ist ein Programm, dem sich Cicero immer verpflichtet gefühlt hat, und es ist nicht verwunderlich, daß er als Gewährsmänner dafür Mitglieder seiner selbstgewählten Ahnengalerie auftreten läßt: Scipio, Laelius und den homo novus Cato Censorius.

Cicero fand bald Gelegenheit zu einer ersten rednerischen Bewährungsprobe: nach einem Zivilprozeß (Pro Quinctio) trat er, sechsundzwanzigjährig, als Anwalt in einem Mordprozeß mit stark politischem Akzent ans Licht der Öffentlichkeit. Sextus Roscius, ein Landedelmann aus der kleinen umbrischen Stadt Ameria, war angeklagt worden, seinen Vater durch gedungene Helfershelfer in Rom ermordet zu haben. Obwohl zum Zeitpunkt der Tat (Herbst 81) die Proskriptionen bereits abgeschlossen waren, erschien der Name des alten Roscius auf der Schwarzen Liste, und sein Vermögen – über ein Dutzend ansehnliche Landgüter – kam zur Versteigerung. Ein Günstling

und Freigelassener des Sulla, Chrysogonus, der sich eine starke Machtposition geschaffen hatte, erwarb mit Hilfe zweier Neffen des Ermordeten den Großteil der Güter zu einem Schleuderpreis. Um ganz sicher zu gehen, versuchte man, den Sohn und Erben durch eine Verurteilung wegen Mordes aus dem Wege zu räumen. Keine der namhaften Persönlichkeiten Roms wollte als Anwalt den Fall übernehmen; zu gefährlich schien es allen, sich wegen eines Bauern aus Umbrien die Feindschaft des Diktators zuzuziehen. Da wandten sich die vornehmen Gönner des Roscius, unter ihnen Caecilia Metella, an den jungen Cicero. Sie stellten ihm vor Augen, welch eine glänzende Gelegenheit dieser Fall für einen ehrgeizigen jungen Anwalt biete, zumal der Prozeß der erste war, der nach den Zeiten des Ausnahmezustands wieder in den normalen Formen vor einem ständigen Gerichtshof verhandelt wurde. Er mußte damit zum Präzedenzfall für die weitere Handhabung von Recht und Gesetz werden. Cicero nahm an und wußte es gleich zu Beginn seines Plädoyers geschickt zu vermeiden, die berühmten älteren Kollegen vor

19

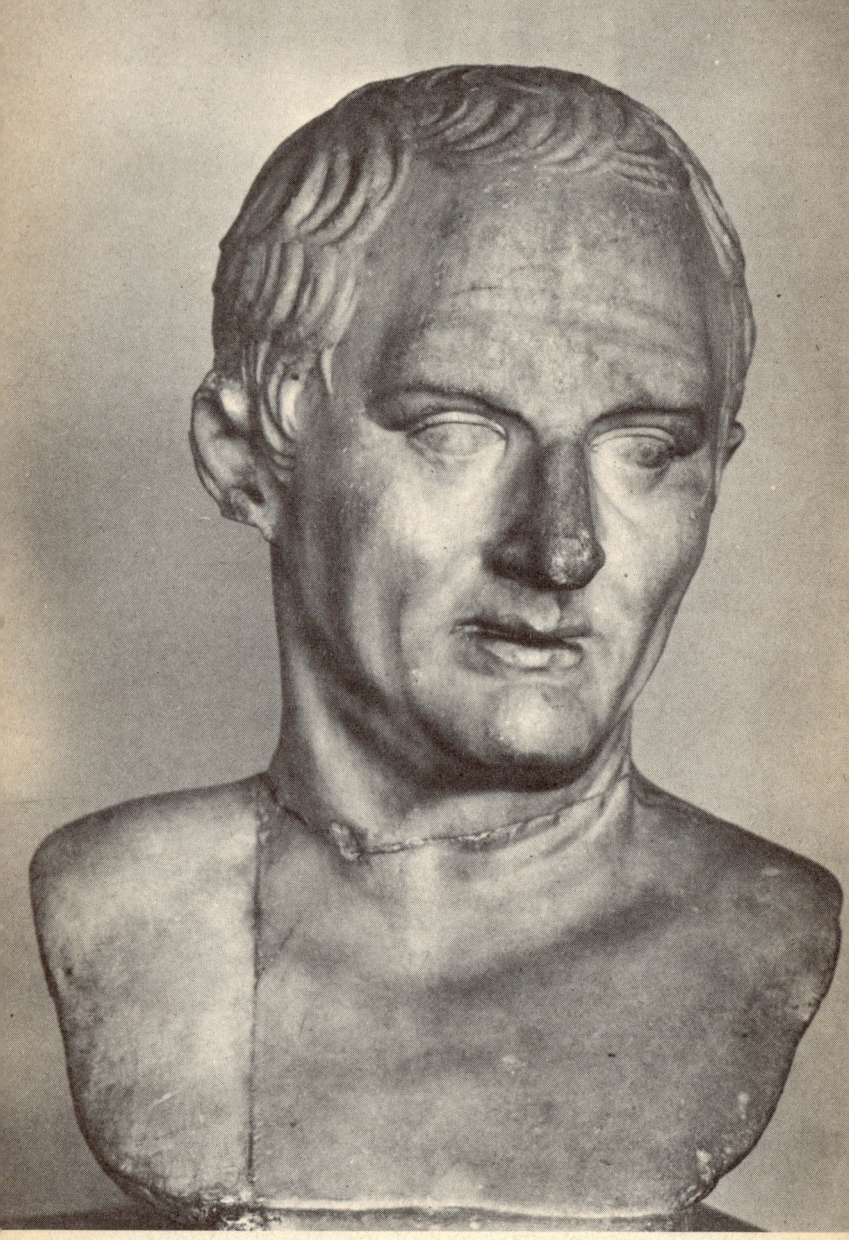

Cicero. Madrid, Museo del Prado

den Kopf zu stoßen. Er bezeichnete sich selber nämlich nur schlicht als den Mann mit dem geringsten Risiko. Die Hauptaufmerksamkeit der zahlreichen Zuhörer war natürlich auf den politischen Teil des Prozesses gerichtet, und Cicero gebrauchte dabei den Kunstgriff, den Diktator Sulla so weit wie möglich herauszuhalten. Er stellte ihn dar als einen in den Staatsgeschäften aufgehenden Mann, der für die Taten eines jeden seiner Sklaven ebensowenig verantwortlich zu machen sei wie Jupiter für Sturm und Unwetter. Doch vermeidet Cicero keineswegs die Auseinandersetzung mit der politischen Situation. Er bekennt sich zum Sieg der von Sulla geführten Nobilität – nachdem der von ihm gewünschte Vergleich gescheitert sei –, doch wenn dieser Sieg in Terrorakten und dem Emporkommen solcher Kreaturen wie Chrysogonus bestehe, so sei er verloren und verschenkt. An die Nobilität richtet Cicero ernste Ermahnungen: Wenn sie nur von Eigennutz und Gewinnstreben geleitet sei, werde sie ihre Vormachtstellung nicht halten können. Sie werde sie vielmehr mit denen teilen müssen, die nicht der Geburt, aber ihrer Gesinnung und Handlungsweise nach als nobiles anzusprechen seien. Dies ist nicht nur ein aktueller politischer Wink, daß die rein senatorisch besetzten Gerichte wieder abgeschafft werden und die Ritter wieder Zugang zum Geschworenenamt erhalten könnten, es ist Ciceros feste Überzeugung, die er während seines ganzen Lebens vertritt: Die Nobilität darf ihren Vorrang nicht der Geburt und Abstammung verdanken, den wahren Adel erwirbt man nur im Dienste der res publica, und man kann auch ein nobilis sein, ohne aus der Adelsclique zu stammen. Diese Gedanken, die hier schon mit großem Nachdruck vorgetragen werden, verdichten sich später zu Ciceros politischem Programm der concordia ordinum, der Eintracht zwischen Senat und Ritterschaft. Dieses Programm erfährt dann eine weitere Steigerung im consensus omnium bonorum, dem Zusammenschluß aller staatserhaltenden Kräfte, zu denen Cicero in seiner großen Rede für Sestius Männer aller Stände, ja sogar Freigelassene, rechnet.

Nach der Aufdeckung des raffinierten Planes des Chrysogonus und der Roscius-Neffen, die aller Wahrscheinlichkeit nach selber den alten Roscius aus dem Weg geräumt hatten, appelliert Cicero zum Schluß noch einmal an das Mitleid der Richter: *Jeder von euch sieht, daß das römische Volk, das früher als besonders milde gegen seine Feinde galt, jetzt an dem Übel der Grausamkeit gegen die eigenen Bürger leidet. Verbannt sie aus dem Staat, ihr Richter, laßt sie nicht länger hier in unserem Staatswesen herrschen! Sie brachte nicht nur das Unglück mit sich, so viele Bürger auf die gräßlichste Art hingerafft zu haben, sie hat auch die Mildherzigsten durch die dauernde Gewöhnung an die Greuel dem Mitleid entfremdet. Denn der ständige Anblick der grausigen Geschehnisse raubt uns – und selbst den sanftesten Naturen unter uns – durch den unablässigen Druck der Leiden jeden Sinn für Menschlichkeit (humanitas).*[8]

Der aufsehenerregende Prozeß endete mit einem Freispruch. Plutarch berichtet, daß Cicero anschließend, um der Rache des Sulla und Chrysogonus zu entgehen, zu einem zweijährigen Studienaufenthalt nach Griechenland und Kleinasien reiste[9]. Doch Cicero selber erklärt die Reise in seiner Schrift

Athen: die Akropolis

Brutus mit Gesundheitsrücksichten; auch läßt die Tatsache, daß er nach dem Roscius-Prozeß noch einige andere Prozesse führte, Plutarchs Begründung zweifelhaft erscheinen. Der Studienaufenthalt in Griechenland gehörte zum Ausbildungsprogramm des jungen Römers, und im Falle Ciceros war er durch die Bürgerkriegswirren verzögert worden. In Rhodos hörte Cicero bei dem berühmten Redelehrer Apollonios Molon, den einige Jahre später auch Caesar besuchte. Cicero kannte Apollonios bereits von einem Aufenthalt in Rom her. *Dieser bemühte sich darum, so weit wie möglich den Überschwang und das Übermaß meines Redestils mit meiner jugendlichen Unbekümmertheit und meinem Ungestüm in die Schranken zu weisen und den gleichsam über seine Ufer tretenden Strom wieder einzudämmen. Bei meiner Rückkehr zwei Jahre später war ich nicht nur besser geübt, ich war nahezu verwandelt. Ich strengte meine Stimme nicht mehr allzu sehr an, meine Rede war sozusagen ausgegoren, meine Lungen gekräftigt und mein ganzer Körper in ausgeglichenem Zustand.*[10]

Der Übergang von jugendlichem Überschwang zu einer maßvolleren Redeweise markierte zugleich einen Wandel des rhetorischen Stils. In der griechischen und später der römischen Rhetorik gab es zwei Hauptströmungen, den Attizismus und den Asianismus. Der letztere, so genannt nach seiner Herkunft aus den Griechenstädten Kleinasiens, war glänzend, pompös bis zum Überladenen hin, ganz auf Effekt abgestellt. Der attische Stil war schlichter, knapper, ohne den Prunk allzu zahlreicher Redefiguren und

Glanzlichter. Hatte Cicero bisher mehr dem Stil der Asianer zugeneigt, so wurde er jetzt zum Anhänger des Attizismus, freilich keines allzu schlichten, kargen und ausgezehrten, sondern der kraftvollen Art, wie sie Ciceros Vorbild, der große griechische Redner Demosthenes, gezeigt hatte.

Die Verwandlung, von der Cicero spricht, meint zugleich auch die philosophische Schulung, die ihm als Hörer bedeutender Philosophen zuteil wurde. So machte auf Rhodos die Persönlichkeit des Poseidonios, des Erneuerers der Stoa, großen Eindruck auf ihn, und in Athen studierte er bei Antiochos von Askalon, dem Leiter der platonischen Akademie, und hörte auch die Epikureer Phaidros und Zenon. Von der platonischen Philosophie war er bereits durch Philon von Larisa geprägt worden, der 88 nach Rom kam. Ihn, der Rhetorik und Philosophie zugleich lehrte, hat er zeitlebens als seinen eigentlichen philosophischen Lehrer verehrt. Philon vertrat im Gegensatz zu An-

Side in Kleinasien

tiochos, der eine Wendung zum Dogmatismus vollzogen hatte, die Haltung der sogenannten akademischen Skepsis. Deren Grundsatz war es, daß die Sinneswahrnehmungen dem Menschen keine absolute Erkenntnis vermitteln können. Daher kann man das Wahre, die Idee, nicht erkennen, sondern nur das Wahrscheinliche, das *verisimile*. Durch sorgfältiges Prüfen und Vergleichen der vorliegenden Meinungen sowie eigene Forschung vermag man bis zum *probabile*, dem Glaubhaften, vorzudringen. Die akademische Skepsis war frei von strenger Dogmatik und doktrinärem Anspruch, sie bot die Möglichkeit, sich im einzelnen an die Thesen verschiedener Schulen anzuschließen. Von diesem philosophischen System, das mehr als andere zu eigenem kritischem Denken herausforderte, fühlte sich Cicero bereits in seiner Jugend angesprochen, und er ist ihm auch späterhin treugeblieben. Es ist für ihn das *genus philosophandi minime adrogans*, die philosophische Schule, die am wenigsten doktrinär ist; *gerade dadurch aber haben wir eine um so größere Freiheit und Unbefangenheit, weil unsere Urteilsmöglichkeit in keiner Weise eingeschränkt ist und wir durch keinerlei Notwendigkeit gezwungen werden, alles, was uns vorgeschrieben und gleichsam anbefohlen ist, zu verteidigen*[11]. Wie stark ihn die akademische Philosophie beeinflußt hat, zeigt sein Ausspruch: *Ich sage ganz offen: Was ich als Redner bin, das*

Rhodos

Platon. Rom, Vatikan

habe ich nicht aus den Rhetorenwerkstätten, sondern aus den Wandelgängen der Akademie.[12] Platon verehrte er zeit seines Lebens hoch, doch waren für ihn nicht so sehr die einzelnen Sätze seines philosophischen Systems bestimmend, als vielmehr die Summe seines Philosophierens und das Vorbildhafte seiner Persönlichkeit in ihrer philosophisch-künstlerischen Einheit.

Rhetorik und Philosophie bildeten Ciceros Studiengebiete auf dieser Reise, doch waren es nicht die griechischen Redelehrer und Philosophen allein, denen er seine Eindrücke verdankte. In Smyrna besuchte er den römischen Konsular Publius Rutilius Rufus, der dort in der Verbannung lebte. Er hatte sich in der Provinz durch sein Eintreten für die ausgebeuteten Provinzialen den Haß der römischen Steuerpächter zugezogen, die ihn gerichtlich belangt und seine Verurteilung durchgesetzt hatten. Rufus, 154 v. Chr. geboren, war der letzte lebende Vertreter des Scipionenkreises, ein ehemaliger Freund des Laelius und Scipio. Neben die wissenschaftliche Theorie trat für Cicero hier wieder die römische Politik und Tradition. Wie lange und wie nachhaltig die Begegnung in ihm nachwirkte, zeigte sich, als er fast drei Jahrzehnte später sein politisch-philosophisches Hauptwerk *de re publica* (*Vom Staat*) veröffentlichte. Dort gibt er vor, den Dialog zwischen Scipio Africanus und seinen Freunden von Rutilius Rufus in Smyrna gehört zu haben. Mag dies auch nur literarische Fiktion sein, so beweist es doch, wie die Gestalt des Rufus ihn beschäftigt hatte. In ihm war Cicero eine neue, von der seinen ganz verschiedene Art zu leben gegenübergetreten. Rufus lebte gelassen in sich ruhend seinen philosophischen und sonstigen wissenschaftlichen Studien und schlug eine Rückkehr nach Italien aus, er führte eine Art freier, unabhängiger Philosophenexistenz. Cicero mag sich öfter, wenn ihn die Stürme der Politik auf das eigene Ich zurückwarfen, an diesen römischen Sokrates, wie man ihn schon im Altertum nannte, erinnert haben. Doch ihm selber, der als zutiefst dialogischer Mensch stets die Resonanz brauchte und abhängig vom Urteil der anderen blieb, gelang es nie, die innere Ruhe und das Selbstgefühl eines Rufus zu erlangen.

Wie reiche Früchte Ciceros Studium in Griechenland getragen hatte, beweist am besten der schmeichelhafte Ausspruch seines Lehrers Molon, den uns Plutarch überliefert hat. Nach einem Vortrag, den Cicero gehalten hatte, sagte Molon: «Dich, Cicero, lobe ich und zolle dir Bewunderung, aber Griechenland muß ich bedauern, wenn ich sehe, wie auch der letzte Vorzug, der uns Griechen noch geblieben war, durch dich an die Römer übergeht: die Bildung und die Kunst des Wortes.»[13]

In den Jahren nach seiner Rückkehr aus Griechenland war Cicero weiterhin als Anwalt tätig. 76/75 v. Chr. begann für ihn mit der Quästur die erste Stufe des cursus honorum, der römischen Ämterlaufbahn. Unter Sulla gab es 20 Quaestoren; die quaestores urbani waren als Finanz- und Verwaltungsbeamte in Rom beschäftigt, die anderen gingen als Gehilfen des Statthalters mit diesem in die Provinz. Cicero erhielt als Quaestor des Propraetors Peducaeus den Westteil der Provinz Sizilien zugewiesen mit dem Amtssitz in Lilybaeum. Mit einer für damalige Verhältnisse geradezu einzigartigen Gewissenhaftigkeit und Unbestechlichkeit verwaltete er sein Amt samt allen ihm gestellten Aufgaben. Er hatte Getreide aufzukaufen, um einer Teuerung in Rom abzuhelfen, und dies gelang ihm, ohne die Provinzialen durch zu niedrige oder seinen Praetor durch zu hohe Preise zu verärgern. Die Sizilier erwiesen ihm außerordentliche Ehrungen, und er versprach ihnen für die Zukunft seinen Schutz, den sie schon bald brauchen sollten.

Wie in Athen forschte er auch in Sizilien nach den Spuren der großen Männer der Vergangenheit. So gelang es ihm, in Syrakus das längst verschollene Grab des Archimedes aufzufinden. Er bemerkt dazu mit feinem Spott: *So hätte die angesehenste Stadt von Großgriechenland, einst sogar eine Hauptstätte der Bildung und Gelehrsamkeit, das Grabmal ihres klügsten Sohnes nicht mehr gekannt, wenn nicht ein Mann aus Arpinum gekommen wäre, um sie darüber zu belehren.*[14] Als er nach der mit soviel Eifer und Pflichttreue verwalteten Quästur nach Rom zurückkehrte, das durch ihn der Getreidenot enthoben war, nahm er an, er werde in aller Munde sein. Er wurde aber gründlich enttäuscht. Von Lilybaeum aus in dem Hafen und Badeort Puteoli gelandet, kommt er dort mit der vornehmen Gesellschaft ins Gespräch: *Und da hätte mich doch fast der Schlag getroffen, als mich einer fragte, seit wann ich von Rom weg sei und was es dort Neues gäbe. Auf meine Antwort, ich käme gerade aus der Provinz, meinte der andere: «Ach ja, natürlich, aus Afrika, glaube ich.» Mir stieg die Galle und ich sagte unwillig: «Nein, aus Sizilien.» Darauf ein anderer im Tone des Besserwissers: «Was, du weißt nicht, daß Cicero Quaestor in Syrakus* (dem Amtssitz des anderen sizilischen Quaestors) *war?» Da gab ich's auf, mich zu ärgern und tat, als sei ich einer der Badegäste. Aber diese Erfahrung wurde für mich nützlicher, als wenn mir alle gratuliert hätten. Nachdem ich eingesehen hatte, daß die Römer taube Ohren, aber gute und scharfe Augen haben, legte ich keinen Wert mehr darauf, was die Leute von mir zu hören bekamen. Ich sorgte dafür, daß sie mich von nun an tagtäglich vor Augen hatten, ich blieb ständig in ihrem Gesichtskreis und nistete mich auf dem Forum ein, und weder mein Türhüter noch mein Schlaf durften jemanden daran hindern, zu mir zu kommen.*[15] Aus dieser Erfahrung heraus lehnte er später auch die Provinz ab, deren Verwaltung ihm nach der Praetur zustand, um ständig in Rom anwesend sein zu können. In den nächsten Jahren war Cicero unermüdlich als Anwalt tätig und arbeitete gleichzeitig an seiner rednerischen Vervollkommnung. *Wegen meines rastlosen Eifers als Rechtsanwalt und wegen meiner*

Agrigent, sog. Concordiatempel, 5. Jahrh. v. Chr.

besonderen und von der gewöhnlichen ganz und gar abweichenden Redeweise hatte ich durch die Neuartigkeit meines Vortrags die allgemeine Auf-
merksamkeit auf mich gelenkt.[16] Bald kam die Gelegenheit für den ehrgeizigen homo novus, der als Quaestorier, als ehemaliger Quaestor, nun einen
Platz im Senat einnahm, mit dem Staranwalt Roms, Quintus Hortensius, um
den ersten Rang zu streiten.

Gaius Verres, ein nobilis mit weitreichenden Verbindungen in Rom, hatte
73 bis 71 als Statthalter die Provinz Sizilien verwaltet und übler gehaust als in
einem feindlichen Land. Die bis auf den letzten Blutstropfen ausgesogenen
Sizilier konnten erst nach Ablauf seiner Amtszeit einen Versuch unternehmen, Verres zur Rechenschaft zu ziehen. Zu diesem Zweck gab es die
sogenannten Repetundengerichtshöfe, die speziell zum Schutz der Untertanen vor Beamtenwillkür und räuberischer Ausbeutung eingerichtet worden

waren. Daß die berechtigten Klagen der Provinzialen oft genug abgewiesen wurden, lag an dem sullanischen Geschworenensystem, das Senatoren über ihre eigenen Standesgenossen zu Richtern machte. Freilich bedeutete es auch kein Allheilmittel, die Ritter mit dem Geschworenenamt zu betrauen, denn diese begünstigten wieder ihre Standesgenossen, die als Steuerpächter die Provinzialen aussogen. Dies gehörte zu den Mißständen, die sich je nach dem Blickpunkt als moralisches oder als organisatorisches Problem darstellen. Da Uneigennützigkeit entweder eine Sache des Gewissens oder der Furcht vor Strafe ist, gab es für Cicero, der von der Lebensgemeinschaft freier und gleicher Bürger ausging, nur den moralischen Appell an das Gewissen, während die Kaiser später den anderen und zweifellos wirksameren Weg einschlagen konnten. Die Sizilier wandten sich an ihren früheren Quaestor Cicero und erinnerten ihn an sein Versprechen, ihnen zu helfen. Zwar hatte er sich bei seiner Anwaltstätigkeit vorgenommen, nur als Verteidiger und nicht als Ankläger aufzutreten: *Das ist mein Lebensgrundsatz: all meine Sorge und Mühe darauf zu verwenden, Menschen zu verteidigen, die in Gefahr sind*[17] – er konnte und wollte sich jedoch der Bitte der Sizilier nicht entziehen und reichte als ihr patronus Anfang des Jahres 70 v. Chr. die Klage gegen Verres ein.

Damit war der Auftakt zu einem erbitterten Intrigenspiel gegeben, denn Verres und seine zahlreichen Anhänger aus der Nobilität waren nicht gewillt, vor römischen Untertanen und einem homo novus zurückzuweichen. Obwohl die Untaten und Übergriffe des Verres weit über das hinausgingen, was man auf diesem Gebiet gewohnt war und zu tolerieren pflegte, stellte sich die Nobilität zum großen Teil hinter Verres. Die Kampagne begann damit, daß man statt Cicero Verres' ehemaligen Quaestor Quintus Caecilius Niger als Ankläger vorzuschieben suchte. Da dieser sich selber kräftig bereichert hatte, würde seine Anklage dementsprechend glimpflich ausfallen. Cicero gelang es, im Verfahren der divinatio, der Bestimmung des Anklägers, seinen Anspruch als einzig dazu berechtigter Patron der Sizilier durchzusetzen. In seiner Rede gegen Caecilius Niger, die die Einleitung zu seinen Reden im Verres-Prozeß bildet, klingen zugleich die politischen Tagesfragen des Jahres 70 an. Für dieses Jahr waren Pompeius und Crassus, die später mit Caesar das Triumvirat schlossen, zu Konsuln gewählt. Sie hatten in Aussicht gestellt, die lex Aurelia iudiciaria, den Gesetzesantrag des L. Aurelius Cotta, anzunehmen, der vorsah, daß den Senatoren die alleinige Gerichtsbarkeit wieder genommen und die Geschworenengerichte zu je einem Drittel mit Senatoren, Rittern und Aerartribunen (Angehörigen der Plebs aus der höchsten Vermögensklasse) besetzt würden. Damit erhält der Prozeß eine stark politische Note, denn sollten die senatorischen Richter ein weiteres Beispiel ihrer Korruption bieten, so wäre dies das Ende der rein senatorischen Gerichte. Den Hinweis darauf benutzt Cicero wirkungsvoll als argumentum extra causam, als latentes Hauptargument außerhalb der eigentlichen Beweisführung. Cicero warnt die Nobilität wie schon in der Roscius-Rede, sie könne ihre Vorrechte nur behalten, wenn sie sich ihrer auch würdig erweise. Daß Cicero mit seinen Angriffen auf die Nobilität nicht als popularis, als Vertreter der Volkspartei, angesehen werden kann, braucht nach den Untersuchungen von Heinze und Gelzer nicht mehr ausführlich belegt zu werden. Cicero wollte keineswegs gegen den Senat als Ganzes agitieren, den er stets *ordo noster, unsern Stand*, nennt, er will vielmehr ein Heilmittel bereitstellen *für die kranke, fast schon aufgegebene res publica*[18]. *Meine Absicht ist nicht, den Haß gegen den Senatorenstand noch zu steigern, sondern vielmehr seinem schlechten Ruf in der Öffentlichkeit abzuhelfen. Ich habe nämlich einen Mann vor Gericht gestellt, durch dessen Verurteilung ihr den verlorenen guten Ruf der Gerichte zurückgewinnen, euch wieder mit dem römischen Volk aussöhnen und den anderen Völkern Genugtuung leisten könnt: den Plünderer des Staatsschatzes, den Quälgeist Asiens und Pamphyliens, den Räuber des Stadtrechts, den Untergang und das Verderben der Provinz Sizilien.*[19]

Es geht ihm, wie auch spätere politische Reden zeigen werden, niemals um die Sicherung senatorischer Vorrechte um jeden Preis, sondern stets um die res publica in ihrer Gesamtheit, der er dienen will und die für ihn wirklich «die gemeinsame Sache» ist. Er fühlte sich zwar zeit seines Lebens der Nobilität verpflichtet, aber diese war für ihn nicht identisch mit der römischen Adelsclique. Er unterschied stets zwischen den wahren optimates, die ihren Namen zu Recht trugen und zu denen auch Männer aus anderen Schichten treten konnten, und den anderen, die er mit Bezug auf die entarteten griechischen Oligarchen pauci, die wenigen, nennt. Er meint, es stehe schlecht um einen Staat, in dem die Bestverdienenden für die Besten gehalten werden. Diese pauci bezeichnet er auch abfällig als piscinarii, Leute, die sich nur um ihre luxuriösen Fischteiche kümmern. Gegen diese Männer, die *homines arrogantes*[20], und ihre egoistische, ungerechte Standespolitik richtet Cicero scharfe Angriffe, da sie es seiner Ansicht nach sind, die die res publica zugrunderichten, sei es durch eigene Übeltaten oder durch Protektion der Schuldigen und Korruption der Gerichte.

Verres und seine Anhänger versuchten nun eine Verschleppung des Prozesses in das nächste Jahr zu erreichen, da dann Verres' Anwalt Hortensius und zwei weitere Freunde des Verres das Konsulat und den Gerichtsvorsitz innehaben würden. Um diesem Schachzug zuvorzukommen, brachte Cicero in allerkürzester Zeit in Sizilien sein Ermittlungsmaterial zusammen. Neben den Aufgaben des Prozesses mußte er sich noch um seine bevorstehende Wahl zum Aedil kümmern, die von der Gegenseite durch massive Bestechung hintertrieben wurde. Dennoch wurde Cicero mit den Stimmen sämtlicher Tribus gewählt; gerade unter dem Volk schlug die Empörung über die Machenschaften der Verres-Partei hohe Wellen, zumal die designierten (für die nächste Amtsperiode gewählten) Konsuln Hortensius und Lucius Metellus den Einfluß ihres Amtes als Druckmittel gegen die Sizilier anzuwenden suchten. Da nur noch wenige Gerichtstage zur Verfügung standen, bis die gerichtsfreie Zeit der öffentlichen Spiele begann, war es möglich, daß Verres und seine Anhänger doch noch Erfolg mit ihrer Verschleppungstaktik haben würden. Da griff Cicero zum letzten Mittel. Er verzichtete auf die Einhaltung der üblichen Prozeßordnung, die mehrere Tage für die Anklage vorsah, und

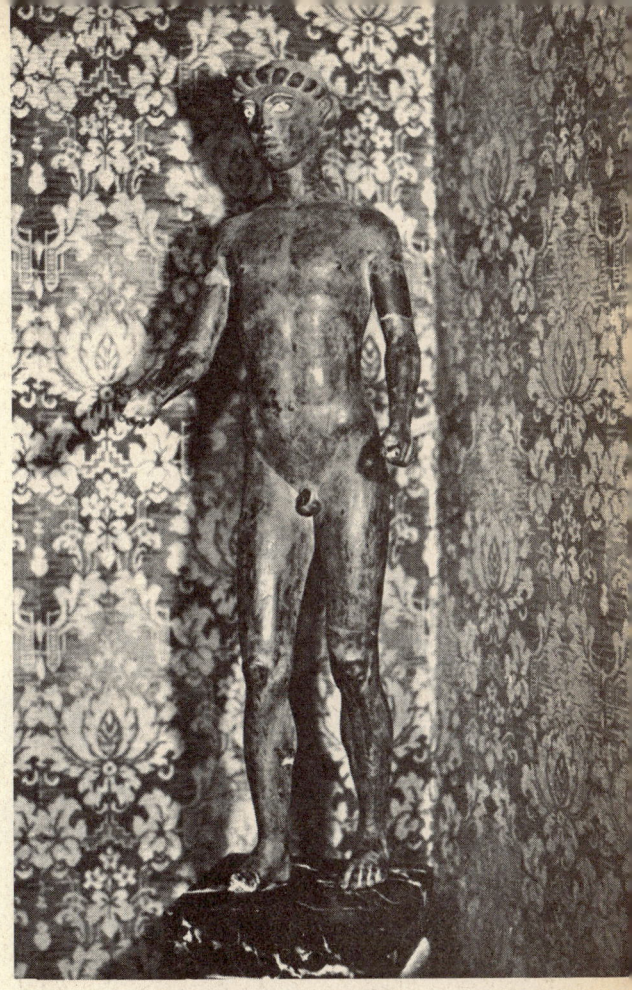

Bronzeknabe aus Selinunt, um 460 v. Chr.,
Rathaus von Castelvetrano

begann nach seiner ersten kurzen Rede sogleich mit dem Zeugenverhör. Unter dem Druck des Beweismaterials und dem der empörten Volksmenge verzichtete der gegnerische Anwalt Hortensius, der führende Verteidiger in Rom, auf sein Plädoyer, und Verres trat bereits vor seiner Verurteilung freiwillig den Gang in die Verbannung an. Damit hatte Cicero Hortensius überrundet, er war jetzt unbestritten der erste Anwalt Roms. Aus dem reichhaltigen, im Prozeß nicht verwendeten Beweismaterial veröffentlichte er noch weitere fünf Reden, die teils als politische Broschüren anzusehen sind, teils aber auch als juristisches Mittel dienten, um einem etwaigen

Wiederaufrollen des Falles durch exakte Faktensicherung vorzubeugen. Wir erhalten in ihnen wertvolle archäologische Hinweise und interessante Einblicke in den Kunstbetrieb der Römer, denn Verres war wie viele seiner Zeitgenossen ein leidenschaftlicher Kunstsammler, und Cicero beschäftigt sich ausführlich mit den zahlreichen Räubereien, durch die Verres in Sizilien und im Osten seine Sammlungen bereichert hatte. So bemerkt er, der frühere Eroberer von Syrakus, Marcellus, lasse sich, verglichen mit Verres, geradezu als Schutzherr Siziliens bezeichnen. Seine wertvolle Kunstsammlung kostete ihn viele Jahre später das Leben, denn er weigerte sich, seine Schätze an Antonius auszuliefern, und dieser ließ ihn daraufhin ermorden.

In den folgenden Jahren ruhte sich Cicero keineswegs auf seinen rednerischen Lorbeeren aus, er arbeitete hart an sich selbst und konnte später in einem zusammenfassenden Satz, der bezeichnend ist für die Kunst seiner Sprache, stolz auf seine Leistung hinweisen, aus Gründen des Takts gleich-

Denar, Silber, 55 v. Chr. M. Claudius Marcellus. Er brachte als Eroberer von Syrakus griechische Kunstschätze nach Rom und weckte die Sammelleidenschaft der Römer. Berlin, Staatl. Museen, Münzkabinett

Bronzestatue eines Redners, sog. Arringatore. Etruskisch, 1. Jahrh. v. Chr. Florenz,
Museo Archeologico

sam im Negativ: *Nicht von mir will ich sprechen, ich spreche von den anderen. Da gab es keinen, der sich mehr als nur oberflächlich dem Studium der Wissenschaften gewidmet hätte, die doch den Quell der Beredsamkeit bilden, keinen gab es, der mit der Philosophie auf vertrautem Fuß stand, die doch die Mutter alles guten Handelns und Redens ist, keinen, der das bürgerliche Recht gelernt hätte, die Hauptvoraussetzung für Privatprozesse und für die Urteilsfähigkeit des Redners; keinen, der die römische Geschichte parat hatte, um aus ihr nötigenfalls die gewichtigsten Zeugen aus der Unterwelt heraufzubeschwören. Keinen gab es, der mit einer knappen und scharfsinnigen Argumentation den Gegner in die Enge treiben, die Stimmung der Richter auflockern und sie auf ein Weilchen vom strengen Ernst zu Heiterkeit und Lachen hätte bringen können; keinen, der den Vortrag auszuweiten und von der eigentlichen, durch die Personen und Umstände festgelegten Erörterung zu einer Frage allgemeiner Art überzuleiten verstand. Keinen gab es ferner, der zur Entspannung der Hörer eine Zeitlang vom Thema abschweifen konnte, keinen, der den Richter so sehr in Zorn versetzen oder zu Tränen rühren konnte, keinen, der die Stimmung des Richters – und das ist die Hauptsache, die der Redner können muß! – so stark nach den Erfordernissen der Situation beeinflussen konnte.*[21] Bei dieser kurzen Skizze des idealen Redners fällt auf, daß die Beeinflussung mit allen Mitteln im Vordergrund steht: Neben der philosophisch-dialektischen Erörterungskunst steht gleichberechtigt, ja, noch übergeordnet die Psychologie, deren Kenntnis ein virtuoses Spiel mit den Affekten ermöglicht.

Im Jahre 67 v. Chr. wurde Cicero einstimmig und in höchst ehrenvoller Weise zum Praetor für das folgende Jahr gewählt. Zu den wichtigsten Aufgaben des Praetors gehörte das Richteramt und die Übernahme des Gerichtsvorsitzes. Cicero erhielt den Vorsitz im Repetundengerichtshof; nach seinem Auftreten im Verres-Prozeß erschien er als der berufene Mann für dieses Amt. Das Wort des Praetors besaß politisches Gewicht, und seine Stellungnahme zu politischen Fragen konnte ihm entweder Gegner oder Helfer bei seiner Wahl zum nächsthöheren Amt, dem Konsulat, einbringen. Cicero hielt seine erste politische Rede als Praetor in einer Volksversammlung. Reden im Senat und in der Volksversammlung gehörten im Gegensatz zu den Reden vor Gericht, die dem rhetorischen genus iudiciale zugeordnet wurden, zum genus deliberativum, der beratenden Art der Rede. Dabei ging es um Empfehlung, Beratung und um Entscheidungen in politischen Fragen. Diese Reden waren meist weniger leidenschaftlich als die Gerichtsreden, sondern in mehr würdevollem Ton gehalten und trugen der politischen Stellung des Redners, seiner auctoritas, Rechnung. Ciceros Rede *Pro lege Manilia (Für den Gesetzesvorschlag des Manilius)* war eine positive Stellungnahme zu dem Antrag des Volkstribunen Gaius Manilius, den Oberbefehl im 3. Mithridatischen Krieg dem Pompeius zu übertragen. Dieser Krieg gegen Mithridates, den König von Pontus am Schwarzen Meer, und seinen Schwiegersohn, König Tigranes von Armenien, dauerte bereits seit 74 v. Chr. Der König hatte sich nach dem Sieg Sullas im 2. Mithridatischen Krieg (83–81) erneut erhoben, und der mit dem Oberbefehl betraute Feldherr Lucius Lici-

Pompeius Magnus. Kopenhagen, Ny Carlsberg Glyptothek

nius Lucullus hatte nach anfangs glänzenden Erfolgen einige Rückschläge hinnehmen müssen. Sein Heer hatte gemeutert, und die politischen Gegner des Lucullus intrigierten in Rom eifrig gegen ihn. So wurde er schließlich abberufen und ein Prokonsul als Nachfolger ernannt, dem Mithridates jedoch bedrohliche Niederlagen beibrachte. Gnaeus Pompeius, dessen Stern als militärisches Genie in den Bürgerkriegen rasch aufgegangen war und der schon von dem Diktator Sulla als junger Mann mit dem Beinamen Magnus, der Große, ausgezeichnet worden war, hatte sich gerade frischen Ruhm erworben. Nach der raschen und glücklichen Beendigung des Seeräuberkrieges stand er mit einem schlagkräftigen Heer im Winterquartier in Kleinasien, zum Eingreifen bereit. Nach allgemeiner Ansicht, vor allem im Volke, war er der einzige Retter in der Not, und doch leisteten zahlreiche Mitglieder der Nobilität erbitterten Widerstand gegen den Antrag. Die große militärische Macht und die außerordentlichen Vollmachten in der Hand eines einzelnen Mannes bedeuteten in ihren Augen eine allzu große Gefährdung ihrer eigenen Stellung und eine Bedrohung der res publica. Konnte nicht Pompeius wie ein zweiter Sulla aus dem Osten zurückkehren? Mit seiner Rede für den Antrag eines popularen Volkstribunen stellte sich Cicero wieder wie im Verres-Prozeß in Gegensatz zu weiten Teilen der Nobilität, und der Vorwurf des populariter agere, des Sympathisierens mit der Volkspartei, oder gar des politischen Umfallens war – damals wie heute – rasch bei der Hand. Man übersah, daß es Cicero in beiden Reden nicht um den Anschluß an eine

Rom, Forum Romanum, Via Sacra, die Heilige Straße, mit Resten der Votivsäulen und -statuen. Durch sie führte der Triumphzug des siegreichen Feldherrn über das Forum zum Jupitertempel auf das Kapitol

bestimmte Partei ging. Er war sich bewußt, die Sache des gesamten römischen Volkes zu vertreten (*universus populus Romanus*[22]). Wie er selbst sagt, sprach er auch als Patron der römischen Ritter, seiner Standesgenossen. Diese standen mit ihren Geschäften – vor allem der Steuerpacht – in den vom Krieg betroffenen Provinzen vor dem Ruin, auch hatten sie bereits zahlreiche Todesopfer zu beklagen. Sie hatten ihn mit der Befürwortung des Antrags betraut, aber Cicero beteuert, *daß ich dies weder auf die Bitte von irgend jemand hin tue, oder weil ich mir durch meine Stellungnahme die Gunst des Pompeius zu gewinnen hoffe, noch weil ich mir durch die Förderung von irgend jemand anderem Schutz bei Anklagen oder Hilfe bei Amtsbewerbungen verspräche . . . Ich versichere, daß ich alles, was ich in dieser Sache tat, nur dem Staat zuliebe auf mich genommen habe, und ich bin weit entfernt davon zu glauben, ich hätte mich dadurch besonders beliebt gemacht. Mir ist vielmehr klar, daß ich mir damit allerhand offene und versteckte Feindschaften eingehandelt habe.*[23] Damit waren natürlich die Anhänger der Nobilität gemeint. Doch mochte diese Anfeindung für Cicero leicht wiegen, da er sich jetzt auch dem Volk gegenüber einigermaßen politisch profiliert hatte, indem er für eine Lösung eingetreten war, die weiten Kreisen des Volkes am Herzen lag.

Was Pompeius anging, so war Cicero natürlich trotz gegenteiliger Beteuerungen sehr an ihm interessiert. Er sah die Notwendigkeit, ihn nicht der Senatspartei zu entfremden und völlig ins populare Fahrwasser geraten zu lassen – auch der Quaestorier Caesar sprach für den Antrag –, zugleich fühlte sich Cicero aber auch persönlich zu dem ritterbürtigen Standesgenossen hingezogen, weil dieser gerade wie er selbst die Ressentiments der Adelskaste zu spüren bekam. So weist Cicero in der Rede vielsagend darauf hin, wie ungewöhnlich und unglaublich es sei, daß ein römischer Ritter zu all diesen Ehren emporgestiegen sei, und dazu noch ohne vorher die Ämterlaufbahn ordnungsgemäß absolviert zu haben. Pompeius erhielt den Oberbefehl und kehrte erst im Jahre 61 siegreich aus Kleinasien zurück. Cicero mußte also zu einer Zeit, als er sie recht nötig gehabt hätte, auf eine mögliche Gegenleistung des Pompeius verzichten.

Die folgenden Jahre standen im Zeichen der Vorbereitung des Konsulats. Aus dieser Zeit besitzen wir auch die ersten Briefe, die uns Cicero nicht nur in seiner rastlosen Forumstätigkeit, sondern auch als leidenschaftlichen Kunstsammler und Freund zurückgezogener wissenschaftlicher Beschäftigung zeigen. Er schreibt an seinen treuen Freund und ehemaligen Studiengenossen Titus Pomponius, der von einem langjährigen Aufenthalt in Athen her den Beinamen Atticus trug: *Über die Hermen aus pentelischem Marmor mit den Bronzeköpfen, von denen du schreibst, bin ich schon jetzt ganz außer mir vor Begeisterung. Deshalb meine Bitte, schicke sie recht bald, dazu auch Statuen und sonstige Kunstwerke, soviel du nur beschaffen kannst, wenn sie nur deinem guten Geschmack zusagen und deiner Meinung nach für mein Haus und meine Liebhaberei geeignet sind.*[24] Atticus war römischer Ritter wie Cicero und mit diesem verschwägert. Obgleich mit großem politischem Geschick und Gespür begabt, lehnte er eine politische Karriere ab, wie es auch den Grundsätzen der epikureischen Philosophie entsprach, der er zuneigte. Er lebte meist zurückgezogen auf seinen Gütern in Italien und Epirus und

Porticus eines Hauses in Pompeji

Garten eines pompejanischen Hauses, mit Statuen und Hermen geschmückt

widmete sich seinen umfangreichen Geldgeschäften sowie seinen gelehrten Interessen. So bildete er einen wirksamen Gegenpol zu dem sich rastlos in der römischen Tagespolitik verzehrenden Freund, dem er dennoch in Stunden der Gefahr stets mit Rat und Tat zur Seite stand. Mit seiner Kunst des politischen Lavierens und nicht zuletzt dem geschickten Einsatz seines riesigen Vermögens gelang es ihm als einem der wenigen, die turbulenten Zeiten des Umsturzes und der Bürgerkriege zu überleben und noch verwandtschaftliche Bande zum Kreise des Kaisers Augustus zu knüpfen. Atticus war auch Verleger, er veröffentlichte die Werke Ciceros, die er in einem großen Vervielfältigungsbüro abschreiben ließ, und sammelte seine Briefe. Daneben beriet er Cicero, der nicht gerade ein Finanzgenie war, auch in dessen zahlreichen Vermögensproblemen.

Cicero bewarb sich für das Jahr 63 v. Chr. um das Konsulat. Er hatte dann das 43. Lebensjahr erreicht, die unterste Altersgrenze für das höchste Staatsamt. Einen guten Einblick in die römischen Wahlkampfmethoden und die Schwierigkeiten, die sich speziell für einen homo novus bei dem Griff nach der höchsten Würde ergaben, gewährt die Denkschrift des Quintus Cicero, die dieser anläßlich der Bewerbung seines Bruders verfaßte und an ihn sandte. Da heißt es: «Du mußt immer daran denken, mit welchen Bürgern du es zu tun hast, worauf du hinarbeitest und wer du bist. Jeden Tag, wenn du

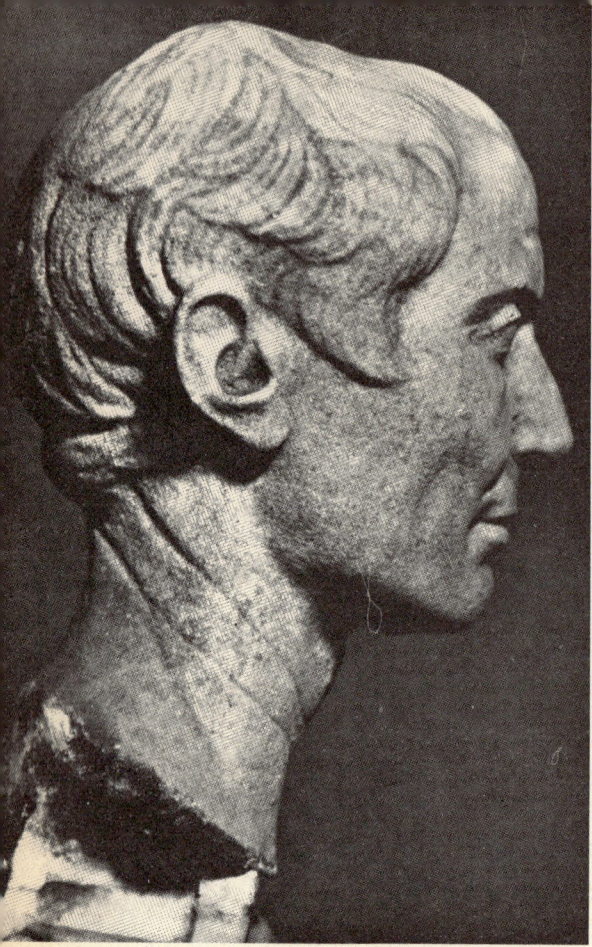

*Caesar. Einziges zeitgenössisches Original,
um 44 v. Chr. Schloß Aglié bei Turin*

zum Forum gehst, mußt du dir einprägen: Ich bin ein Neuling, ich bewerbe
mich um das Konsulat, es handelt sich um Rom.»[25] Was Ciceros Mitbewerber
Antonius und Catilina angeht, so sind sie, meint Quintus, zwar von Adel,
aber ausgemachte Lumpen. In ihrem Falle wagt man sogar nicht einmal das
sonst unweigerlich auftauchende Argument zu gebrauchen, daß ihr Adel sie
mehr empfehle als andere ihre Tüchtigkeit. Adel und Tüchtigkeit, nobilitas
und virtus, die notwendigerweise zusammengehören, treten hier als Gegensätze auseinander, ein Symptom für den inneren Verfall der Gesellschaft.
Der Ruhm als Redner sei Ciceros Hauptvorteil, und darauf müsse er alles
abstellen. Trotz der vielen Schwierigkeiten, die der Bewerbung eines homo

novus entgegenstehen, habe Cicero es leicht, denn wie viele Bürger werde es geben, die bei der notorischen Verkommenheit der zwei Mitbewerber in einem Wahlgang gleich zwei Dolche gegen den Staat zücken wollten? Es folgen detaillierte Ausführungen über die Anstrengungen des Politikers, sich Anhänger, Popularität und Renommee zu verschaffen. Quintus ist sich bewußt, daß dem Bruder, einem homo Platonicus, manche Ratschläge nicht so recht schmecken werden, doch darf man beim Stimmenfang im Wahlkampf nicht allzu zimperlich sein. Das waren Ciceros Mitbewerber und deren Hintermänner Crassus und Caesar ganz und gar nicht. Ihre unverschämten Bestechungsaktionen machten sogar ein neues Gesetz gegen ambitus, gegen unerlaubte Methoden bei der Amtsbewerbung, notwendig. Cicero deckte in einer Wahlrede die Machenschaften der Gegner auf, und es wurde auch den stolzesten nobiles klar, daß es das geringere Übel war, einen homo novus zum Konsulat zuzulassen, als zwei solch gefährliche Subjekte an der Spitze des Staates zu haben. Vor allem galt es Lucius Sergius Catilina auszuschalten, der bereits im Jahre 65 v. Chr. einen Umsturzversuch in die Wege geleitet hatte. Aus altadeliger Familie stammend, hatte er als Helfershelfer des Sulla bei den Proskriptionen große Reichtümer angehäuft, die aber bald wieder zerronnen waren. Er war 66 durch eine Repetundenklage (wegen räuberischer Erpressung in der Provinz) an der Bewerbung um das Konsulat gehindert worden, und da ihm der Weg über die Ämterlaufbahn versperrt war, um sich zu bereichern und eine politische Machtstellung zu gewinnen, suchte er dann sein Ziel auf gewaltsamem Wege zu erreichen. An der Spitze einer Schar adeliger Bankrotteure und Glücksritter verfolgte er den Plan, die angesehensten Konsulare zu ermorden und zwei seiner Gesinnungsgenossen zu Konsuln auszurufen. Im Hintergrund wirkten dabei auch Caesar und Crassus mit, jedoch so geschickt getarnt, daß ihr eigentlicher Anteil bis heute nicht genau bestimmbar ist. Der Anschlag mißlang, und Catilina versuchte abermals eine Bewerbung um das Konsulat. Ein neuer Prozeß machte seine Aussichten zunichte, und er nahm den Plan eines gewaltsamen Umsturzes wieder auf. «Das vor allem brachte die erregte Öffentlichkeit dazu, Marcus Tullius Cicero das Konsulat zu übertragen. Denn vorher kochte der größte Teil der Nobilität über vor Mißgunst; die Leute glaubten, das Konsulat werde entweiht, wenn ein Neuling es erlangte, und sei er noch so hervorragend. Aber je näher die Gefahr kam, desto mehr traten Mißgunst und Adelsstolz zurück.»[26] Cicero wurde zum Konsul gewählt, und er arrangierte sich sehr geschickt mit seinem Amtskollegen Gaius Antonius, dem Großvater des Triumvirn. Dessen Verbindung zu den Catilinariern war zwar kein Geheimnis, Cicero konnte ihn jedoch von offener Begünstigung und Hilfestellung abbringen. Er trat dem schwer verschuldeten Antonius die reiche Provinz Makedonien ab, die ihm selber als Konsularprovinz zugefallen war, und übernahm dafür die Anwartschaft auf die finanziell weniger ergiebige Provinz des Antonius.

Inzwischen hatte sich Catilina in Italien verschiedene Stützpunkte geschaffen, Waffen- und Geldvorräte in Etrurien gelagert, wo der ihm ergebene Gaius Manlius mit einer Truppe auf das Signal zum Losschlagen wartete.

Rom, Forum Romanum, die Kurie des Senats
und der Bogen des Septimius Severus

Cicero, der durch Fulvia, die Geliebte eines der Mitverschworenen, über alles genau im Bilde war, erstattete Bericht im Senat und wurde mit den nötigen Vollmachten ausgestattet. Der Senat erließ das sogenannte senatus consultum ultimum, einen Notstandsbeschluß, mit der bekannten Formel: Videant consules, ne quid res publica detrimenti capiat – die Konsuln mögen Sorge tragen, daß der Staat keinen Schaden leidet. So konnte am 28. Oktober 63 die Konsulwahl für das Jahr 62 einen ungestörten Verlauf nehmen, und als Manlius in Etrurien den bewaffneten Aufstand begann, sandte man Truppen gegen ihn ab. Durch dieses energische Vorgehen Ciceros und des Senats wurden Crassus und Caesar von weiterer aktiver Parteinahme für die Verschwörer abgeschreckt. Sie zogen es vor, als Angeber ihrer früheren Freunde aufzutreten und Cicero vor Catilinas Mordplan zu warnen. Catilina besaß jedoch die Unverfrorenheit, dennoch im Senat zu erscheinen, wo ihm Cicero sein berühmtes *Quo usque tandem ...* der ersten Catilinarischen Rede entgegenschleuderte: *Wie lange noch, Catilina, willst du unsere Geduld mißbrauchen? Wie lange willst du uns mit deinen Wahnsinnstaten höhnen? Wo ist die Grenze für deine Prahlerei und deine hemmungslose Unverschämtheit? ... Was für Zeiten, was für Sitten!*

Dem Konsul Cicero mußte daran gelegen sein, daß sich Catilina offen und unmißverständlich als Haupt der Revolutionäre demaskierte und damit die heimliche oder offene Duldung und Sympathie mancher Adelskreise einbüßte, die den gewissenlosen Kondottiere trotz allem immer noch als einen der Ihren ansahen. Auf diese Rede und den allgemeinen Sturm der Entrüstung hin verließ Catilina Rom und begab sich ins Heerlager der Verschwörer nach Etrurien. Freilich ließ er zahlreiche Mitverschworene in Rom zurück, die dort den entscheidenden Schlag führen sollten. Ihnen war jedoch vorderhand nichts Stichhaltiges nachzuweisen. Da gelang es in der Nacht des 2. zum 3. Dezember auf Ciceros Betreiben, Gesandte des gallischen Stammes der Allobroger festzunehmen, mit denen die Verschwörer in Rom Kontakt aufgenommen hatten, um bewaffnete Unterstützung von ihnen zu gewinnen. Die festgenommenen Gesandten hatten Briefe der Verschwörer bei sich, die deren Schuld eindeutig bewiesen und die Handhabe zur Verurteilung der fünf Hauptschuldigen boten. Am 5. Dezember fand die entscheidende Senatssitzung statt, in der über das Schicksal der des Hochverrats Beschuldigten entschieden wurde. Das senatus consultum ultimum gab dem Senat und den Konsuln die Vollmacht, Schuldige hinrichten zu lassen, doch hatten Ereignisse wie der von Caesar geförderte Rabirius-Prozeß im gleichen Jahr – eine Anklage wegen Tötung auf Grund eines senatus consultum ultimum vor 37 Jahren – gezeigt, daß populare Politiker hier den Hebel ansetzten, um die Macht der Senatsregierung einzuschränken.

Cicero konnte als Konsul in einer Senatssitzung keinen Antrag auf ein Strafmaß stellen, er hatte verfassungsgemäß nur die Aufgabe, Bericht über die Lage zu erstatten (referre) sowie die Senatoren um ihre Meinung zu befragen und sie aufzufordern, ihre Stimme abzugeben (sententiam rogare). Der designierte Konsul Silanus sprach sich für die Todesstrafe aus, und alle nach ihm Befragten schlossen sich seinem Antrag an, bis Caesar an die Reihe kam. Er setzte sich für seine Gesinnungsgenossen ein und beantragte statt der Todesstrafe lebenslange Haft. Er warnte davor, angesehene Männer aus den ersten Familien sine provocatione hinzurichten, ohne das ihnen verfassungsmäßig zustehende Berufungsrecht der Appellation an das Volk, da die Folgen eines solchen Vorgehens nicht zu übersehen seien. Man solle das Vermögen der Angeklagten einziehen und sie in den Landstädten Italiens in Gewahrsam halten. Der Hinweis auf die Bedenklichkeit des Falles und Caesars Eindringlichkeit taten ihre Wirkung. Es ergab sich eine Mehrheit für seinen Antrag, auch bei Ciceros Freunden, die ihn damit von allzu großer Verantwortung zu entlasten gedachten. Doch war unschwer vorauszusehen, daß eine lebenslange Inhaftierung der Catilinarier praktisch nicht durchführbar sein würde, denn schon jetzt wurden Befreiungsversuche vorbereitet, und jede Stadt Italiens, die einen der Delinquenten aufnahm, würde zu einem Unruheherd werden. Die Bedrohung würde auf diese Weise niemals ein Ende nehmen, zumal Catilina noch bewaffneten Widerstand leistete. Es war ebenso im persönlichen Interesse Ciceros, dem Catilina den Tod geschworen hatte, wie im Interesse des Staates, den er durch Anarchie zu ersetzen gedachte, wenn die Verschwörer hingerichtet wurden. Damit wäre Catilina seines Rückhalts in Rom beraubt und stände auf verlorenem Posten. Daher schaltete sich Cicero mit seiner vierten Catilinarischen Rede in die Debatte ein. Er konnte seinem Amte gemäß kein Votum abgeben, doch sprach er sich unmißverständlich genug und so deutlich wie möglich für den Antrag auf Todesstrafe aus. Vor allem wollte er die Anwesenden bewegen, ihren Beschluß ohne Rücksicht auf seine Person und etwaige Nachteile für ihn zu fassen: *Senatoren, ich sehe, daß euer aller Gesichter und Augen auf mich gerichtet sind. Ich sehe, ihr seid nicht nur in Aufregung wegen der Gefahr für euch selber und für den Staat, sondern auch, falls diese abgewendet sein sollte, wegen der Gefahr, die mir droht. Es ist mir eine Wohltat im Unglück und ein Trost im Leiden, wenn ihr so gesinnt seid gegen mich – aber, bei den unsterblichen Göttern, gebt eure Sorge um mich auf, denkt jetzt nicht an mein Heil, sondern an euch und eure Kinder! . . . Wendet daher alle Sorge auf die Erhaltung des Staates, Senatoren, habt daher genau acht auf alle Stürme, die ihm drohen, wenn ihr keine Vorsorge trefft!*[27] Begannen schon nach dieser Rede viele Senatoren zu zweifeln, ob sie dem Konsul Cicero mit ihrer Stimmabgabe einen willkommenen Dienst geleistet hatten, so vollzog sich nach der nächsten Rede der völlige Umschwung. Es sprach Marcus Porcius Cato, der Urenkel des berühmten Cato Censorius, Stoiker und Moralist, ein entschiedener Vertreter des Senatsregimes, aber ebenso wie Cicero auch ein Gegner der Mißwirtschaft der pauci. Hatte Cicero in seiner Rede Caesar mit Samthandschuhen angefaßt, ihn als den wahren volkstümlichen Politiker im Gegensatz zum popularen Demagogen dargestellt und nur seine Milde und Menschenfreundlichkeit etwas ironisiert, so fuhr Cato stärkere Geschütze auf. Er entlarvte Caesars humanitären Appell als politischen Kalkül, verdächtigte ihn offen der Mittäterschaft und teilte auch kräftige Hiebe auf die verantwortungslosen Senatoren aus: «Bei den unsterblichen Göttern, an euch appelliere ich, die ihr stets mehr für eure Häuser, Landsitze, Statuen und Gemälde übrig gehabt habt als für den Staat! Wenn ihr derartigen Kram, an den ihr euch klammert, behalten wollt, wenn ihr euch für eure Liebhabereien auch die Ruhe zum Genießen verschaffen wollt, so wacht doch endlich einmal auf und packt mit an am Staat! . . . Die Freiheit und unser Leben stehen auf dem Spiel!»[28] Er forderte die sofortige Hinrichtung als die einzige

Rettung für den Staat. Cicero stellte nun diese sententia zur Abstimmung, und sie wurde einstimmig angenommen. Die fünf Verschwörer wurden aus ihrem Gewahrsam geholt und zur Hinrichtung in das Tullianum, ein unterirdisches Gewölbe, gebracht. Der Konsul geleitete sie, die Senatoren und eine große Volksmenge folgten dem Zug. Um etwaige Befreiungsversuche als sinnlos zu erweisen, verkündete der Konsul nach der Hinrichtung auf dem Forum: *Sie haben gelebt!* Man geleitete Cicero im Triumphzug nach Hause zurück, die Menge jubelte ihm zu, und die Senatoren lobten und priesen ihn. Das Volk feierte ihn als Retter Roms, und der homo novus stand auf dem Gipfel seines Glücks, als ihn der erlauchte Vormann des Senats, Quintus Lutatius Catulus, als pater patriae, als Vater des Vaterlandes begrüßte. Catulus beantragte seinetwegen ein Dankfest für die Götter, eine öffentliche

Tullianum, urspr. etruskisches Brunnenhaus (tullus = Quell), unterirdischer Raum des Carcer Mamertinus, des römischen Staatsgefängnisses am Osthang des Kapitols. Hier wurden die Catilinarier hingerichtet. Der Legende nach auch das Gefängnis der Apostel Petrus und Paulus

Cicero als Konsul mit dem Rutenbündel, neben ihm die berühmten Feldherrn Roms, Decius und Scipio Africanus. Fresko von Domenico Ghirlandaio, um 1481. Florenz, Palazzo Vecchio

Ehrung, die sonst nur siegreichen Feldherrn und jetzt zum erstenmal einem togatus, einem Beamten im Zivilrang, zuteil wurde.

Catilina, der sich nach Gallien durchzuschlagen versuchte, fiel zwei Monate später bei Pistoria in Etrurien nach heldenhafter Gegenwehr im Kampf gegen die Truppen des Konsuls Antonius. Seine ehrgeizigen Pläne von Macht und Reichtum – eine wirkliche Revolution unter sozialrevolutionärem Aspekt hatte er nie angestrebt – waren an der Wachsamkeit und Einmütigkeit des Senats gescheitert. Diese Einmütigkeit herbeigeführt zu haben, sah Cicero als seinen stolzesten politischen Erfolg an. Er bezeichnete es als sein politisches Programm, diese concordia ordinum, das einträchtige Zusammenwirken von Senat und Ritterschaft, wie sie sich bei der Abwehr der catilinarischen Verschwörung bewiesen hatte, in ihrer Bedeutung herauszustellen und zu bewahren. Im Augenblick unmittelbarer Bedrohung ihres Besitzes und ihrer Wirtschaftsinteressen hatten beide Stände ihre Gegnerschaft begraben und sich zu gemeinsamer Abwehr aufgerafft. Die Senatoren hatten ihre Animosität gegen den homo novus unterdrückt und sich willig seinem Rat gefügt, und die Ritter hatten seine Schutzwache gebildet und allenthalben in der Stadt für die Aufrechterhaltung der Ordnung gesorgt. Cicero konnte in seiner vierten Catilinarischen Rede halb stolz und halb beschwörend sagen: *Alle Stände sind zur Erhaltung des Staates in Gesinnung, gutem Willen, Eifer, Mut und Meinungsäußerung einig ... Ihr habt einen Anführer, der nur an euch denkt und sich selber darüber vergißt, eine Gelegenheit, wie sie sich nicht immer bietet. Ihr habt alle Stände, alle Menschen, das gesamte römische Volk – und das erleben wir bei einer innenpolitischen Angelegenheit am heutigen Tag zum erstenmal – einmütig auf eurer Seite ... Wenn wir diese unter meinem Konsulat geschlossene Verbindung für dauernd im Staat erhalten, dann wird späterhin, das versichere ich euch, kein Unheil, weder Bürgerkrieg noch innerer Aufruhr irgendeinen Teil des Staates treffen!*[29] Cicero sah in der concordia ordinum seinen steten Appell zu moralischer Erneuerung der führenden Kreise verwirklicht, die für ihn die Grundvoraussetzung für eine Besserung der politischen Verhältnisse darstellte. Sie allein schien ein Wiederaufleben der alten verklärten res publica der Vorfahren wenigstens annähernd zu ermöglichen. Die Bedeutung eines solchen einmütigen und entschlossenen Zusammengehens der beiden Stände als staatserhaltendes und -erneuerndes Prinzip schätzte Cicero durchaus richtig und keineswegs zu hoch ein; eine Fortdauer hätte eine echte Besserung der zerrütteten politischen Verhältnisse bedeuten können. Vor allem wäre dadurch eine günstigere Ausgangsbasis für die kommenden Auseinandersetzungen mit den potentissimi, den mächtigen Persönlichkeiten, gegeben gewesen. Doch leider war die Einheitsfront nicht von Dauer. Sie war nur unter dem äußersten Druck der Verhältnisse zustande gekommen, als es den verschiedenen Gruppen an den Lebensnerv ging, als Hab und Gut, Kapital und Einfluß auf dem Spiel standen. Sobald die Gefahr gebannt schien, zerfiel die Front wieder und das Gruppeninteresse dominierte erneut. Dies sollte bald schon verhängnisvolle Folgen haben, als Pompeius aus dem Osten zurückkehrte.

Ciceros Fehler war es nun, an einen echten Sinneswandel und echte politische Einsicht zu glauben, wo nur blankes materielles Interesse vorlag. Er konnte aber seiner ganzen politischen Denkungsart nach den Gedanken an eine mögliche Verwirklichung seiner concordia-Idee niemals aufgeben und bemühte sich zeitlebens, bis zum letztenmal im Kampf gegen Antonius, um die Wiederbelebung dieser politischen Konstellation. Dieses Festhalten Ciceros an der im Jahre 63 bewährten politischen Idee werten fast alle seine Kritiker als Beweis für seine beklagenswerte politische Kurzsichtigkeit, seinen Mangel an historischer Perspektive, eine innerhalb der Kategorien von Gut und Böse begrenzte, im Grunde völlig unpolitische Sicht und mangelndes Verständnis für den Ernst und die Beschaffenheit der Krise des römischen Staates.[30] Zweifellos findet sich bei dieser Art der Beurteilung jeweils eine

Fülle richtiger Einzelbeobachtungen, doch ist sie im Ganzen wertlos ohne die klare, in allen Konsequenzen durchdachte und dargelegte Erkenntnis der damals gegebenen Alternative. Diese Alternative, von den Kritikern teils ausgesprochen, teils ausgespart, aber fast nie auf Ciceros eigenes Denken bezogen, heißt Caesar und der Prinzipat. Die Senatsregierung, korrupt und schwerfällig wie sie war, festgefahren in den Bahnen gemeindestaatlichen Denkens, sei, so sagt man, nicht fähig gewesen, das Weltreich zu regieren, dazu habe es der Neuordnung bedurft, wie sie Caesar und seine Nachfolger vornahmen. Es ergibt sich nun die Frage, ob dieses Urteil, das letztlich auf Theodor Mommsen zurückgeht, nicht in historischen Bedingtheiten der Kritiker selbst begründet ist.

Cicero hat die Staatsform, für die er kämpfte, die res publica, das heißt die gemeinsame Sache aller freien Bürger, gelegentlich in ihren Vorzügen und Gefahren mit der Demokratie der alten Athener verglichen. Auch diese hatte in ihrer letzten Stunde einen Vorkämpfer, der für die verlorene Sache eintrat. Dies war Demosthenes, und auch ihn hat man bis in die jüngste Zeit, bewußt oder unbewußt vom Bismarckschen Reichsgedanken beeinflußt, für einen Kirchturmspolitiker erklärt, der sich an die völlig verrottete und überholte Polisdemokratie Griechenlands klammerte und dem großen Reichsgedanken Philipps von Makedonien und den Segnungen des Hellenismus Widerstand leistete. Heutzutage ist man skeptisch geworden gegenüber den Bestrebungen großer Reichsgründer und vermag Demosthenes gerecht zu werden, der in der Demokratie an sich einen Wert sah und die griechische Polisordnung erhalten wollte, wie fragwürdig sie auch in ihren einzelnen Zügen geworden war. So ist es analog auch für Cicero an der Zeit, einmal die These vom kurzsichtigen Gut- und Böse-Politiker, der sich an die überholte Form des Senatsregimes klammerte, zu überprüfen und sie aus der Sicht unserer Zeit zu modifizieren. Es geht im Grunde darum, ob man es heute noch verantworten kann, nur des besseren Funktionierens wegen die Diktatur einer Form der Demokratie vorzuziehen. Für Cicero jedenfalls war die Alleinherrschaft keine annehmbare Alternative zu der Staatsform, an die er nach seiner Bildung durch römische Tradition und die in der Polisdemokratie verwurzelte griechische Philosophie glaubte. Die Krise der res publica, die durch den Ehrgeiz einzelner Männer und die Korruptheit und Uneinigkeit der Senatsregierung zum Ausbruch gekommen war, konnte nach seiner Meinung nicht allein durch Verwaltungsakte überwunden werden; sie war nicht so sehr ein organisatorisches als vielmehr ein moralisches Problem, und es bedurfte vor allem der inneren Wandlung, der Erziehung der führenden Männer und aller Stände zu verantwortungsbewußtem Handeln für die gemeinsame Sache. Nun gehört aber der Glaube an den guten Willen und die moralische Lenkbarkeit der Bürger zum Fundament jeder Demokratie, welche Ausprägung und welchen Reifegrad sie auch erreicht haben mag; in dieser Grundvoraussetzung liegt auch zugleich ihr Mangel, die «glorreiche Schwäche der Demokratie» (Mommsen). Eine Kritik an Ciceros politischer Grundüberzeugung enthält also zugleich einen Zweifel an der Möglichkeit einer Verwirklichung der Demokratie überhaupt. Wer Cicero Kurzsichtigkeit und unpolitisches

Demosthenes. Kopie einer Bronzestatue, die auf der Agora von Athen stand und die Inschrift trug: «Hättest du, Demosthenes, ebenso viel Macht gehabt wie Weisheit, niemals hätte der Ares aus Makedonien Griechenland beherrscht!» Rom, Vatikan

Denken vorwirft, ohne seine völlige Hingabe an sein Staatsideal in Rechnung zu setzen, wird ihm nicht gerecht und muß andererseits die Diktatur Caesars, deren Programm doch recht undurchsichtig ist, und die spätere Monarchie gutheißen. In dieser funktionierte allerdings – aber auch nur unter guten Kaisern – die Reichsverwaltung und die Innenpolitik besser als in der republikanischen Zeit, die Freiheit aber war verloren und mit ihr die Staatsgesinnung und das Verantwortungsgefühl für eine «gemeinsame Sache». Dafür geben uns die Schriften des Tacitus und manche Briefe seines Freundes Plinius erschütternde Beweise, und diese stammen aus der Regierungszeit Trajans, der nach Augustus als der beste aller Caesaren anzusehen ist.

Für eine gerechtere Beurteilung Ciceros wäre zu untersuchen, ob das Imperium Romanum nicht auch von einem Gremium verantwortungsbewußter Bürger aus allen Ständen, der optimi cives und gubernatores rei publicae, wie sie Cicero in seinem Staatswerk postuliert, neugestaltet und zur Zufriedenheit hätte regiert werden können, oder ob es dazu zwingend der Abschaffung der Republik und der Einführung einer Monarchie bedurfte. War es sinnlos, daß Cicero immer wieder die Korruptheit des Senats anprangerte, daß er zur Eintracht aller Stände, zur Zurückstellung egoistischer Interessen und zu verantwortungsbewußter Mitarbeit an der res publica aufrief und damit den Staat zu heilen hoffte? Oder war und ist die Erfüllung dieser Forderungen damals wie auch heute noch die Grundvoraussetzung für jede Art der Demokratie?

Von Geld ist die Rede, von wem noch?

Seine Börse sei voll . . .

... so schrieb der Mann, aber leider nur voll von Spinnweben. Diese Armut, die er in seinen Gedichten meisterhaft beklagte, existierte aber mehr in phantasievoller Koketterie als in alltäglicher Wirklichkeit. Der Verseschreiber stammte nämlich aus wohlhabendem Hause in Verona. Er selbst besaß ein Haus in Rom, eine Villa nahe bei Rom und ein Landhaus am Gardasee. Außerdem nannte er vermutlich eine hochseetüchtige Jacht sein eigen. Arm war er also mitnichten, aber an barem Gelde mangelte es ihm wohl des öfteren.

Seine etwas durcheinandergeratenen Finanzen wollte er bei Gelegenheit in der Türkei wieder in Ordnung bringen. Mit einem Kolonialgouverneur segelte er ins Marmarameer und hoffte, dort seine Börse auf Kosten der Einheimischen füllen zu können, wie es damals so der Brauch war. Seine Hoffnungen erfüllten sich nicht, wie er Freunden gegenüber gestand: «Als wir dort beieinander waren, sprach man bald von diesem und jenem, unter anderem von Bithynien, wie es dort jetzt stehe, und ob irgendein Geld für mich heraussprang.» Alles, was dabei heraussprang, waren ein paar Gedichte.

In einigen seiner übrigen Verse bespöttelte er recht drastisch die Armut eines gewissen Furius: «Doch den Hunderter, den du stets erbittest, laß ihn fahren; du bist auch so ein Glückspilz», denn schließlich habe er weder Sklaven noch Geldschrank. Der Spott des Dichters traf aber auch einen Großen seiner Zeit: Caesar. Erst dreißig Jahre alt, starb der Poet. Von wem war die Rede?

(Alphabetische Lösung: 3-1-20-21-12-12-21-19)

Pfandbrief und Kommunalobligation

Meistgekaufte deutsche Wertpapiere - hoher Zinsertrag - schon ab 100 DM bei allen Banken und Sparkassen

Verbriefte Sicherheit

VERBANNUNG UND RÜCKKEHR – POLITIK IM SCHATTEN
DER TRIUMVIRN

Meine Taten haben mich, glaube ich, in allzu große Höhen getragen . . . Ich werde genug Lohn dafür empfangen haben, wenn aus dieser Wohltat für die Menschheit nicht eine Woge von Gefahren auf mich zurückflutet[31], mußte sich Cicero bald eingestehen. Die politische Szenerie hatte sich nach Catilinas Sturz rasch verwandelt, und noch vor Ablauf seines Konsulats mußte Cicero den Beginn der popularen Agitation gegen sich erleben, die in ihm das Senatsregime treffen wollte. Man warf ihm vor, römische Bürger ohne Gerichtsurteil hingerichtet zu haben. Als er am letzten Tag seines Konsulats, am 29. Dezember 63, wie es Brauch war, die Abschlußrede an das Volk halten wollte, hinderten ihn die Volkstribunen Metellus und Calpurnius durch Interzession daran und gestatteten ihm nur den üblichen Eid, Recht und Gesetz gewahrt zu haben. Doch Cicero schwur statt der gewöhnlichen Eidesformel, daß er allein Staat und Volk gerettet habe, und das Volk bekräftigte die Wahrheit seiner Worte durch Eidschwur und geleitete ihn feierlich nach Hause. Dies sollte jedoch für lange Zeit der letzte Höhepunkt in seinem Leben gewesen sein. Pompeius' siegreiche Rückkehr aus dem Osten Ende 62 trug weiterhin dazu bei, das politische Gleichgewicht zu verschieben. Der Senat, der durch das energische Vorgehen gegen die Catilinarier neu erstarkt, aber eben im Gefühl seiner Stärke auch politisch unvorsichtig geworden war, wurde wieder in die Defensive gedrängt. Pompeius zog nicht als ein zweiter Sulla vor Rom, er entließ pflichtgemäß sein Heer und kehrte ohne militärisches Gefolge nach Rom zurück. Dem Brauch gemäß hielt er sich bis zu seinem Einzug im Triumph außerhalb der Stadtgrenze auf. Für diese Haltung erntete er schnöden Undank von seiten des Senats, der sich weigerte, die von ihm getroffenen Maßnahmen im Osten zu ratifizieren, obwohl sie eine vorbildliche, von Provinzialen wie von römischen Steuerpächtern mit Beifall aufgenommene Neuordnung des östlichen Reichsgebietes bedeuteten. Auch die Belohnung der Veteranen mit Siedlungsland wurde ihm verweigert, was eine besonders empfindliche Demütigung für den sieggewohnten Feldherrn darstellte. Pompeius mußte sich, um seine Stellung zu halten und nicht sein Gesicht zu verlieren, nach anderen Helfern umsehen und die Ratifizierung mit Hilfe der Volksversammlung durchsetzen. Dadurch wurde er, dem ursprünglich an einem guten Einvernehmen mit dem Senat gelegen war, auf die Seite Caesars und Crassus' gedrängt, mit denen er sich dann im Jahre 60 zum ersten Triumvirat zusammenschloß, einem politischen Bündnis, dessen Ziele zunächst ganz allgemein so formuliert wurden: Es solle nichts im Staate geschehen dürfen, was einem von den dreien mißfällig wäre.[32] Die Engstirnigkeit des Senats war also außerordentlich folgenschwer, denn indem Caesar neben dem Reichtum und dem wirtschaftlichen Einfluß des Crassus auch die militärische Macht des Pompeius auf sich vereinigte, gelang ihm der große Sprung nach vorn, er wurde Konsul und danach Prokonsul von Gallien und besaß damit eine unerschütterliche Vormachtstellung. Als Konsul setzte er dann 59 die Landverteilung an die Veteranen des Pompeius durch. Insofern

Römische Öllampe aus Ton mit Abbildung eines Reisewagens.
München, Staatliche Antikensammlung und Glyptothek

hatte der Senat durch die Beibehaltung seiner vorher so lobenswerten, jetzt aber politisch höchst unklugen Festigkeit und Unnachgiebigkeit selbst die Mitschuld an der verhängnisvollen Entwicklung, mit der der Endkampf der Republik begann.

Cicero hatte intensiv um Pompeius geworben und war enttäuscht, daß dieser den Sieger über Catilina nicht als seinesgleichen anerkennen wollte. Er schrieb an Pompeius: *Aber ich darf dich darauf aufmerksam machen, daß meine Taten zur Rettung des Vaterlandes im Urteil und Zeugnis der ganzen Welt Zustimmung finden. Wenn du erst hier bist, wirst du merken, daß alles, was ich getan habe, sehr viel politische Klugheit und Format voraussetzte,* und du wirst es dir schon gern gefallen lassen, wenn du, der du einen *Africanus* weit überragst, in mir einen politischen Partner und Freund *findest, der nicht weit unter einem Laelius steht.*[33] Das wäre die Stellung gewesen, wie sie sich Cicero als eines Konsulars würdig erträumt hätte: als kluger Ratgeber und Freund mit dem großen Feldherrn und einflußreichen Politiker zusammenzuarbeiten, wie einst Scipio und Laelius, die beiden Helden seiner geistigen Ahnengalerie. Doch die Wirklichkeit sah anders aus, und Cicero mußte sich eingestehen, daß die Tage eines Africanus und Laelius vorüber waren. Als Pompeius endlich die gewünschten Lobsprüche hören ließ, merkte der zunächst geschmeichelte Cicero zu seiner Enttäuschung bald, daß dies nur politische Taktik war. Die Senatspartei erschöpfte sich in kleinlichen Querelen und Zänkereien, und der Einfluß der Triumvirn nahm immer mehr überhand. Caesars Wahl zum Konsul für 59 war sicher. Cicero äußerte sich bitter gegenüber seinem Freund Atticus: *So hat das vergangene Jahr* (61) *die Säulen des Staates, die ich mit eigener Hand aufgerichtet hatte, wieder umgestürzt, denn es hat die Autorität des Senats vernichtet und die Eintracht der Stände zerstört.* Auch der Zorn über die Indolenz der piscinarii, der Fischteichbesitzer, bricht wieder durch: *Sie sind so dumm, daß sie glauben, ihre Fischteiche blieben ihnen erhalten, wenn auch der Staat zugrunde geht.*[34] Ciceros Vertrauen in eine demokratische Grundordnung und die Erziehbarkeit aller Staatsbürger zu einer solchen – ein Vertrauen, das letztlich auf dem platonischen Grundsatz von der Lehrbarkeit der Tugend basierte – war noch unerschüttert. Typisch dafür sind seine optimistischen Äußerungen, Pompeius und sogar Caesar *besser machen* und sie von ihrer Hinwendung zu populärer Leichtfertigkeit abbringen zu können.[35] Caesars rücksichtsloses Vorgehen bei der Durchsetzung seiner Pläne während seines Konsulats belehrte Cicero freilich, daß er seine Hoffnungen auf ihn zumindest vertagen müsse. Daher zeigte er sich dem Werben Caesars unzugänglich. Dieser brachte Cicero zeit seines Lebens die höchste Wertschätzung entgegen, zeigte Respekt vor seiner moralischen Integrität und hätte ihn gern auf seine Seite gezogen. Doch Cicero wollte, zumindest zum gegenwärtigen Zeitpunkt, keinen Pakt eingehen mit dem ehemaligen Genossen Catilinas, der sich auch als Konsul auf der gleichen Linie bewegte. Freilich hatte Cicero auch die Politik der Optimaten dauernd scharf kritisiert und sich damit zwischen zwei Stühle gesetzt. Er wollte aber dem Bündnis der Machthaber trotz mehrmaliger Aufforderung nicht beitreten, obwohl ihm klar war, was ihm eine solche Verbindung für Vorteile eingebracht hätte, nämlich: . . . *ein enges Verhältnis zu Pompeius, wenn ich will, auch zu Caesar, Aussöhnung mit meinen Gegnern, Ruhe vor den Massen und die Aussicht auf ein ruhiges Alter. Aber die Schlußverse meines Werkes* (des Epos *Über mein Konsulat* = *de consulatu suo*) *im dritten Buch bleiben doch bestimmend für mich:*

> Halt' inzwischen die Bahn, die du von den ersten Zeiten der Jugend,
> Die als Konsul zumal mit tapf'rem Sinn du beschritten,
> Die halte ein und mehre den Ruhm mit dem Beifall der Guten.

Steinpfeiler mit altlateinischer Inschrift an der Stelle der alten Rostra, der Rednerbühne, neben dem Lapis niger, einer schwarzen Marmorplatte, unter der man das Grab des Romulus vermutete

In diesem Buch, das so vieles in aristokratischem Sinne enthält, hat mir Kalliope selbst den Weg vorgezeichnet, und so darf es bei mir keinen Zweifel geben, daß für mich immer der Spruch zu gelten hat:

Nur ein einziges Zeichen gilt: das Vaterland schützen![36]

Daß er sich mit seiner Weigerung in eine akute Gefahr begeben hatte, sollte ihm alsbald klarwerden. Caesar ging im Anschluß an sein Konsulat als Prokonsul nach Gallien und konnte und wollte keine politischen Gegner in der Heimat zurücklassen. Als solche kamen der strenge Republikaner Cato und – nach dem vergeblichen Bündnisangebot – Cicero in Frage. Beide hatten die Gesetzmäßigkeit der leges Iuliae, der von Julius Caesar in seinem Konsulat erlassenen Verordnungen, öffentlich angefochten, und es war zu befürchten, daß sie in seiner Abwesenheit eine Ungültigkeitserklärung betreiben würden. Das konnte Caesar nicht dulden, und so wurde Cato mit der heiklen Mission nach Cypern entsandt, das Reich des dortigen Königs Ptolemaios auf Grund zweifelhafter Rechtstitel für das römische Reich zu annektieren. Die Weigerung, dem ordnungsgemäß ergangenen Auftrag nachzukommen, wäre mit einem Prozeß beantwortet worden. Cato ging also, er konnte sich zum Trost sagen, daß, wenn dieser Auftrag schon ausgeführt werden mußte, er wenigstens der Mann war, dies mit der größten persönlichen Integrität zu tun, wie es denn auch geschah. Für Cicero hatte Caesar ein Spezialverfahren bereit. Drei Stunden nachdem Cicero in einer Gerichtsrede für seinen ehemaligen Amtskollegen Antonius die Ungesetzlichkeit von Caesars Maßnahmen gerügt hatte, genehmigte Caesar in seiner Eigenschaft als Pontifex maximus den Übertritt des Publius Clodius zum Plebejerstand. Damit stand diesem die Wahl zum Volkstribunen offen, einem Amt, das Plebejern vorbehalten war. Clodius, ein Mitglied der altadeligen Familie der Appii Claudii, war ein politischer Abenteurer und Demagoge, der sich von seinen Anhängern als zweiter Catilina feiern ließ. Er war freilich mehr eine catilinarische Existenz als ein zweiter Catilina, aber seine anarchistischen Umtriebe und sein Bandenterror brachten während Caesars Abwesenheit den Staat an den Rand des Ruins. Er stützte sich auf die besitzlosen Massen – freilich ohne ein echtes soziales Konzept zu haben – und war als radikaler Vertreter der popularen Richtung das willkommene Werkzeug Caesars. Zum Todfeind Ciceros war er durch eine Skandalaffäre geworden, die weite politische Kreise gezogen hatte. Im Jahre 62 hatte sich Clodius als Frau verkleidet in das Haus des Praetors Caesar eingeschlichen, wo die nur Frauen vorbehaltene nächtliche Kultfeier der Bona dea stattfand, einer aus Kleinasien stammenden Muttergottheit. Clodius plante ein Stelldichein mit Caesars Gattin Pompeia, wurde aber ertappt und wegen Religionsfrevels vor Gericht gestellt. Er versuchte zu leugnen, indem er behauptete, zur Tatzeit über 100 Kilometer von Rom entfernt gewesen zu sein. Cicero sagte jedoch als Zeuge aus, Clodius habe ihn an diesem Tag in Rom besucht. Trotz seiner offensichtlichen Schuld wurde der Angeklagte freigesprochen; Crassus hatte den Gerichtshof massiv bestochen, und auch der Praetor Caesar machte kein Hehl daraus, daß er Clodius nicht verurteilt sehen wollte, obwohl er seiner Gattin den Scheidebrief geschickt hatte. Clodius nährte seitdem den Haß gegen Cicero und konnte jetzt als Volkstribun den entscheidenden Schlag gegen ihn führen. Schon Ende Januar 58 beantragte er ein Gesetz, wonach jeder geächtet werden sollte, der einen römischen Bürger ohne Gerichtsurteil und Zustimmung des Volkes töte oder getötet habe. Die rückwirkende Geltung des Gesetzes deutete klar auf Cicero. Nach anfänglichen Sympathiekundgebungen von dem brutal eingeschüchterten Senat im Stich gelassen, von Pompeius verleugnet und von den Konsuln Piso und Gabinius brüskiert, sah er keinen anderen Ausweg, als in der Nacht vor der Annahme des clodischen Gesetzes heimlich Rom zu verlassen. Als ein Geächteter ging er Mitte März 58 ins Exil, und der von Clodius aufgeputschte Pöbel zerstörte Ciceros Haus auf dem Palatin und plünderte sein Refugium, die geliebte Villa in Tusculum.

Da ihm der Aufenthalt in Italien verwehrt war, setzte er nach Dyrrhachion (Durazzo) an der albanischen Adria-Küste über, von wo aus er einige Zeit später nach Thessalonike ging. Dort fand er freundliche Aufnahme bei dem Quaestor der Provinz Makedonien. Der Absturz aus den Höhen des *pater patriae* in die Tiefen des Verbannten war zu jäh, als daß Ciceros empfindsames Gemüt ihn hätte mit Fassung tragen können. Er, der Rom zum Leben und Atmen brauchte und den Kontakt mit der römischen Tagespolitik in Zustimmung und Ablehnung zu seiner Selbstbestätigung benötigte, war weit davon entfernt, der Welt das Schauspiel des stoischen Weisen zu bieten wie einst der von ihm bewunderte Rutilius Rufus, den er als junger Mann in seinem Exil in Smyrna besucht hatte. Die Philosophie habe ihm in solchen Lagen nicht geholfen, meint er später, sie vertiefe ja gerade die Empfindungen und verfeinere sie, und er wäre vielleicht härter ohne sie.[37] Mit der Verstoßung aus Rom hatte er seinen Halt verloren, und seine Briefe aus jener Zeit sind bewegte Klagen eines Verzweifelten, an Intensität nur zu vergleichen mit Ovids Gedichten aus der Verbannung, die wegen ihrer Hemmungslosigkeit ein ähnliches Befremden bei der Nachwelt auslösten. Genau wie Ovid haderte er mit seinem ungerechten Schicksal, und da er sein Selbstwertgefühl zu dieser Zeit noch weitgehend, ja fast ausschließlich aus der Einschätzung durch die Umwelt bezog, vermochte er sich selber keinen wirksamen Trost zu spenden. Doch nicht nur sein eigenes Schicksal bekümmerte ihn, er machte sich auch Sorgen um seine Familie, die, von Vermögenseinziehung bedroht, in Rom schutzlos den Schlägerbanden des Clodius preisgegeben war, um den Bruder Quintus, die Gattin Terentia, die vergötterte Tochter Tullia und den kleinen Sohn Marcus. Er schrieb an Terentia: *Ich bin verloren, bin im Elend! Soll ich dich jetzt bitten, zu mir zu kommen, dich, eine kranke, an Leib und Seele gebrochene Frau? Oder soll ich dich nicht bitten, soll ohne dich sein? . . . Das eine sollst du wissen: Wenn ich dich habe, werde ich mir nicht ganz verloren vorkommen. Aber was soll aus unserer lieben Tullia werden? Da müßt ihr zusehen, ich kann euch keinen Rat geben. Aber was auch kommen wird, man muß auf jeden Fall darauf achten, daß die Ärmste ihre Ehe und ihren guten Ruf nicht gefährdet. Und was wird aus unserem kleinen Cicero werden? Wenn ich ihn doch immer in meinen Armen halten könnte! Ich kann nicht mehr weiterschreiben, der Kummer überwältigt mich.*[38] Gleichzeitig machte er sich bittere Vorwürfe, er habe seine Lage selber verschuldet, er sei zu ängstlich gewesen und habe auf den Rat falscher Freunde gehört: *Meine Pflicht wäre es gewesen, entweder mich durch die Annahme der* (von Caesar) *angebotenen Legatenstelle der Gefahr zu entziehen oder aber umsichtig und gut gerüstet Widerstand zu leisten oder tapfer zu fallen. Dieser jetzige Zustand jedoch ist elender, schmählicher und meiner unwürdiger als alles andere.*[39]

In Rom waren die Freunde derweilen nicht untätig, wenn es auch dem in der Fremde Schmachtenden so vorkommen mochte. Sie mußten jedoch die nächsten Wahlen abwarten, in denen Clodius und seine Gesinnungsgenossen von Volkstribunen, die auf Ciceros Seite standen, sowie dem künftigen Konsul Publius Lentulus Spinther abgelöst werden würden. Lentulus hatte versprochen, sich aktiv für Ciceros Rückberufung einzusetzen. Vorerst aber hatte Clodius mit seinen Banden die Oberhand und wußte jede Beschlußfassung durch brutalen Terror zu vereiteln. Schließlich stellten die Tribunen Titus Annius Milo und Publius Sestius eigene Schutztruppen auf, die nach wochenlangen Straßenkämpfen mit Clodius und seinen Bewaffneten endlich geregelte Senatssitzungen ermöglichten. Der Konsul Lentulus referierte über Ciceros Angelegenheit, und sein Kollege Metellus Nepos – er hatte einst als Volkstribun die Agitation gegen Cicero begonnen – erklärte sich bereit, seine Feindschaft zu begraben. Die lex Clodia, der Ächtungsbeschluß, war als privilegium, als Sondergesetz, auf eine bestimmte Person bezogen – was das Zwölftafelgesetz ausdrücklich untersagte – und besaß noch dazu den zweifelhaften Modus rückwirkender Geltung. Daher genügte nach Ansicht der Juristen ein einfacher Senatsbeschluß zur Rückberufung Ciceros. Pompeius hatte sich nach der Abreise Caesars dem Senat wieder angenähert, zumal er erkennen mußte, daß sich Clodius mit seinem Bandenterror und seinen hemmungslosen Gewaltakten nicht mehr im Zaum halten ließ, ja, daß er sogar gegen ihn und Caesar zu agitieren begann. Er mochte daher in der Rückkehr Ciceros ein Gegengewicht zu dem seinem Einfluß entglittenen Clodius sehen, ein Gegengewicht auch zu Caesar, dem er sich mehr und mehr entfremdete. Jedenfalls stimmte er einer Rückberufung zu und verlas im Senat den Antrag, den er als Magistratsbeamter der Stadt Capua im Namen dieser Kolonie hatte verfassen lassen. Seiner Meinung nach war es sicherer, Cicero durch einen Volksentscheid zurückrufen zu lassen, um neuerlichen popularen Agitationen dadurch für die Zukunft gleich den Boden zu entziehen. Der Senat schloß sich an, es gab nur eine Gegenstimme, die des Clodius. Am Abstimmungstag fand sich die Bevölkerung aus Rom zahlreich ein, dazu kam eine große Menge aus ganz Italien, und der Beschluß über Ciceros Rückkehr wurde einstimmig gefaßt. Seine Heimkehr gestaltete sich zu einem großen Triumph, von dem er noch lange zehrte: *Auf dem ganzen Weg schien es, als ob Italiens Städte meine Rückkehr als einen Festtag begingen. Die Straßen waren voller Abordnungen von überall her, die Umgebung von Rom war überfüllt von einer unübersehbaren Menge von Gratulanten. Der Weg vom Stadttor, der Aufgang zum Kapitol, die Rückkehr in mein Haus – alles war so, daß ich mitten in der größten Freude nur darüber Schmerz empfand, daß ein so dankbares Volk so elend und unterdrückt hatte sein müssen.*[40] Und überglücklich schreibt er an Atticus: *Was ich, wie die Dinge standen, nur unter den allergrößten Schwierigkeiten wiederzuerlangen glaubte, nämlich meinen Ruhm auf dem Forum, mein Ansehen im Senat und meinen Einfluß bei der Nobilität, das alles habe ich in überreichem Maße wiedergefunden.*[41] In seinen Dankreden an den Senat und das Volk gibt er seiner Freude und seinem Jubel Ausdruck, so glänzend rehabilitiert zu sein. Wieder wie bei der Abwehr Catilinas haben sich alle Teile des Volkes zu gemeinsamer Aktion zusammengefunden, einzelne wie Metellus Nepos, Pompeius und auch der ferne Caesar, der seine Zustimmung zu erkennen gegeben hatte, haben ihre persönlichen Gefühle zurückgestellt zum Nutzen des Gemeinwohls. Seine ehrenvolle Rückberufung erscheint Cicero als eine neuerliche Manifestation

Denar, Silber, mit der Abbildung des Tempels des Jupiter Capitolinus. Um 43 v. Chr. Privatsammlung

der concordia ordinum. So entspricht es ganz seinem Ideal politischer Erziehung und Lenkbarkeit, wenn er in seinen Reden Caesar und Pompeius schont und alles Übel nur den Konsuln Piso und Gabinius in die Schuhe schiebt, obwohl er sich im stillen darüber im klaren war, daß sie nur die von den Triumvirn festgelegte Politik durchgeführt hatten. Denn die Konsuln verloren mit dem Ablauf ihrer Amtszeit jedes politische Gewicht, während die Triumvirn weiterhin an der Macht blieben. Auf sie galt es also erzieherisch einzuwirken. Je übersteigerter seine Danksagungen an den Senat und sein Lobpreis der bewiesenen Eintracht werden, desto klarer tritt der beschwörende Charakter dieser Aussagen hervor. Was beim Kampf gegen Catilina noch naives, selbstsicheres Behaupten war, wird hier zum verzweifelten Beharren darauf, wie es sein und wie es bleiben soll. In der Verteidigungsrede für

Publius Sestius im März 56 fand Cicero Gelegenheit, sein politisches Programm ausführlich zu entwickeln. Sestius hatte sich als Volkstribun tatkräftig für seine Rückberufung eingesetzt, und es wirft ein Schlaglicht auf die damaligen Verhältnisse, daß er, der zum Schutze des Senats seinerzeit Bewaffnete aufgeboten hatte, ausgerechnet von Hintermännern des Clodius nun de vi, wegen Gewalttaten, angeklagt wurde.

Bei der Verteidigung des Sestius äußerten sich Hortensius und zwei weitere Anwälte im einzelnen zu den Anklagepunkten, und Cicero hielt die Schlußrede. Es ist zur Beurteilung von Ciceros Gerichtsreden jeweils wichtig, zu wissen, ob er als einziger Anwalt sprach, oder ob er, wie es oft geschah, als letzter von mehreren Anwälten das Schlußplädoyer hielt. Diese Rolle übertrug man ihm häufig, weil er als unübertroffener Meister in der Erregung von Affekten galt und auch die härtesten Richter zum Mitleid mit dem Angeklagten hinreißen konnte. In diesem Falle war es durchaus üblich und angebracht, mehr ins Persönliche oder Allgemeine zu gehen und den Fall von einer anderen Seite als nur von den speziellen Anklagepunkten her zu beleuchten. Dies hatten ja bereits die Vorredner getan. Cicero schildert zunächst ausführlich die Ereignisse, die zu seiner Verbannung führten, den Bandenterror des Clodius, Sestius' Gegenwehr, die Bemühungen um seine Rückberufung und schließlich die Rückkehr. Auf einen Einwurf des ihm feindlich gesinnten ehemaligen Tribuns Vatinius, eines Belastungszeugen, über die «Optimatensippe» erläutert Cicero in einem Exkurs, der sich besonders an die Jugend richtet, seinen Aristokratiebegriff. Die sogenannten Optimaten müssen ihrem Namen «die Besten» auch gerecht werden. *Wer sind nun diese Besten? Fragt man nach ihrer Zahl: Es sind unzählige, sonst könnten wir uns ja auch gar nicht halten. Es sind die Häupter des Staatsrates, es sind deren Anhänger, es sind Angehörige der oberen Stände, denen der Zugang zum Senat offensteht, es sind römische Bürger aus den Landstädten und Bauern, es sind Geschäftsleute, ja sogar Freigelassene sind Optimaten ... Optimaten sind alle, die weder Verbrecher noch von Haus aus schlecht sind oder durch zerrüttete Verhältnisse behindert. Also die sind es, die du eine Sippschaft nennst: die Unbescholtenen, die Vernünftigen, die in geordneten Verhältnissen leben. Diejenigen, die deren Gesinnung, Interessen und Prinzipien in der Politik vertreten, gelten als die Schutzherren der Optimaten, als die bedeutendsten Optimaten, die angesehensten Bürger und die ersten Männer im Staat. Welches ist nun das Ziel dieser Staatslenker, das sie im Auge haben und nach dem sie ihren Kurs ausrichten müssen? Das, was das Beste und Wünschenswerte für alle vernünftigen, guten und wohlsituierten Bürger ist: Ruhe bei Wahrung des Ansehens. Wer dieses Ziel im Auge hat, gilt als Optimat; wer es verwirklicht, als Mann von höchstem Rang und als Retter des Staates. Das Streben nach Ansehen darf ja einerseits nicht dazu verleiten, die Ruhe zu gefährden, andererseits darf man sich keiner Ruhe in die Arme werfen, die mit der Wahrung des Ansehens unvereinbar ist. Grundlagen und Organe dieser Vereinigung von Ruhe und Ehre, die von den führenden Politikern geschützt und sogar unter Lebensgefahr verteidigt werden müssen, sind diese: die religiösen Einrichtungen, die Auspizien, die*

m. c. cicero.

Machtbefugnis der Beamten, die Autorität des Senats, Gesetz und Herkommen, Rechtsprechung und Gesetzgebung, Treu und Glauben, Provinzen und Bundesgenossen, das Ansehen der Militärgewalt, Kriegs- und Finanzwesen. Als Schützer und Verteidiger von Institutionen solcher Bedeutung aufzutreten erfordert in hohem Maße Mut, außerordentliche Fähigkeiten und große Beharrlichkeit . . . Denn für den Angriff auf den Staat stehen wirksamere Waffen zur Verfügung als zu seiner Verteidigung. Bedenkenlose Leute, die nichts zu verlieren haben, lassen sich durch einen bloßen Wink auf die Beine bringen und sind schon von sich aus aufsässig gegen die staatliche Ordnung. Die Staatstreuen aber – Gott weiß warum! – sind zu träge, sie beachten die Anfänge einer Entwicklung nicht und raffen sich erst in der äußersten Notlage auf. Während sie so ihre Ruhe auch ohne Ansehen behalten wollen, verlieren sie durch ihr Zögern und ihre Trägheit nicht selten beides.[42] Durch diese beklagenswerte Schwäche und Trägheit der staatstreuen Mehrheit einer radikalen Minderheit gegenüber – die empfindlichste Schwäche jeder Form von Demokratie – ist der römische Staat erschüttert worden, doch kann man die Krise im Augenblick als überwunden ansehen: *Jetzt aber ist es in unserem Staat meiner Meinung nach so, daß alle in ihrer politischen Haltung einmütig sind, von den bezahlten Banden einmal abgesehen.*[43] Zwischen Senat und Volk gibt es keine grundsätzlichen Gegensätze, sie haben sich einig gezeigt, als es um die Rückberufung Ciceros ging. So ruft er alle, besonders die Jugend, auf, diesen Weg weiterzugehen: Die Erneuerung des Staates führt über den *consensus populi Romani, den consensus bonorum omnium*[44], den Zusammenschluß aller staatstreuen Bürger, nicht nur aus dem Adel, sondern aus allen Schichten, die bestrebt sind, sich für den Staat einzusetzen und den *improbi*, den Schlechten, entgegenzutreten, aber auch den *potentes*, denen, die die Macht an sich gerissen haben. Damit hat Cicero sein politisches Programm aus der Catilina-Zeit erneuert und die dort propagierte *concordia ordinum*, die Eintracht zwischen Senat und Ritterschaft, durch den Begriff einer Einheitsfront aller staatserhaltenden Kräfte erweitert und auf eine breitere Basis gestellt. Auch Freigelassene können Optimaten sein – man muß sich die Wirkung dieser Worte auf die konservativen Adelskreise vorstellen, um sich klarzumachen, daß Ciceros Festhalten am Senatsregime nicht mit reaktionärer Haltung gleichzusetzen ist. Seine Denkweise zeigt sich hier wieder geprägt vom Bewußtsein des *homo novus*, vergleichbar vielleicht der aus der späteren Geschichte bekannten Haltung des Bourgeois. Der römische Ritterstand läßt sich ja bereits als Großbourgeoisie bezeichnen, und der Bourgeois setzt den Geistes- bzw. Gesinnungsadel an die Stelle des Geburtsadels und rückt in die Position des Adels nach, die dieser aus Schwäche aufgegeben hat. Diese neue Schicht, die nie völlig mit dem Adel alter Prägung verschmilzt, ebensowenig wie Cicero je ein *nobilis* alten Stils wurde, erneuert die zu schalen Parolen gewordenen Begriffe: Bei

Cicero aus der «Augsburger Weberstube» von 1453, mit Spruchband:
«Wer Tugend hat, der ist wohlgeboren, ohne Tugend ist der Adel verloren.»
München, Bayerisches Nationalmuseum

Cicero sind boni und optimates keine bloßen Parteinamen mehr, sondern sollen wieder der ursprünglichen Wortbedeutung entsprechen. Diese Angehörigen einer neuen aufstrebenden Schicht entwickeln aus ihrer Identifizierung mit dem Staat ein neues Selbstbewußtsein, dem freilich meist ein gut Teil Selbstrechtfertigung beigemischt ist. Dies führt dann leicht zu dem übertriebenen Pathos «Ich und der Staat», dem wir bei Cicero öfters begegnen.

Wie im Falle der catilinarischen Verschwörung glaubte Cicero auch jetzt wieder, es handle sich bei den gemeinsamen Bemühungen aller Kreise um seine Rückkehr um mehr als eine einmalige politische Aktion. Der einmütige Freispruch seines Klienten Sestius ließ ihn auf ein Weiterbestehen der concordia omnium hoffen, aber dies war eine Fehleinschätzung der Lage, da sich die Machtverhältnisse inzwischen endgültig zuungunsten des Senats verschoben hatten und die Triumvirn den entscheidenden Machtfaktor darstellten. Wenige Wochen nach dem Sestius-Prozeß erneuerten Caesar, Pompeius und Crassus auf der Konferenz von Luca (Lucca in Oberitalien) das Triumvirat. Sie beschlossen, Crassus und Pompeius sollten das Konsulat für das Jahr 55 übernehmen, Caesar aber solle für weitere fünf Jahre Herr seiner gallischen Provinzen bleiben und noch dazu größere Geldmittel für seine Truppen erhalten. Die Selbstverständlichkeit, mit der hier die Schlüsselpositionen des Reiches besetzt wurden, konnte keinen Zweifel an dem weiteren Kurs der Machthaber mehr lassen. Das Triumvirat im Jahre 60 hatte noch deutliche Züge eines ad-hoc-Bündnisses zur Durchsetzung aktueller politischer Forderungen getragen und durch die lange Abwesenheit Caesars und die schwankende Haltung des Pompeius an Stoßkraft eingebüßt. Doch die Konferenz von Luca, die auf Caesars Initiative zurückging, zeigte klar, daß sich die neue Macht im Staate nunmehr endgültig etablierte und daß es um Größeres ging als um die Möglichkeit, gemeinsam politische Tagesforderungen durchzusetzen. Vielmehr war sie bestrebt, nach und nach ihren Einfluß auf alle wichtigen Funktionen im Staat auszudehnen. In gewisser Weise war die libera res publica mit der Konferenz von Luca, der Erneuerung und Festigung des Triumvirats, zu Ende.

Die Abmachung traf Cicero wie ein Blitz aus heiterem Himmel, denn Pompeius war kurz vor seiner Abreise noch mit ihm zusammen gewesen und hatte nicht das Geringste von seinen Absichten verlauten lassen. Nun mußte sich Cicero eingestehen, daß ihn seine Hoffnungen getrogen hatten. Weder konnte man sich etwas davon versprechen, Pompeius zum gegenwärtigen Zeitpunkt dazu zu bewegen, etwa aus Eifersucht auf Caesars wachsende Vormachtstellung Anschluß an den Senat zu suchen, noch war an ein Fortbestehen der ciceronischen Einheitsfront aller loyalen Kräfte zu denken. So schreibt Cicero an den Bruder: *Aber du siehst, es gibt keinen Staat mehr, keinen Senat, keine Gerichte, keine Wahrung des Ansehens bei uns allen.*[45] An den Exkonsul Lentulus, der sich für seine Rückberufung eingesetzt hatte, schreibt er: *Die Männer, die durch ihren Reichtum, ihre militärische Position und ihren Einfluß das Übergewicht besitzen, haben es meiner Ansicht nach doch nur auf Grund des törichten und wankelmütigen Verhaltens ihrer*

Gegner erreicht, daß sie nun auch die größere Autorität besitzen. So haben sie gegen nur vereinzelten Widerstand alles im Senat durchgesetzt, was sie sogar beim Volk nur durch Terrormaßnahmen zu erreichen gedachten: Caesar wurden die Soldzahlungen und die zehn Legaten bewilligt, und es war leicht, zu verhindern, daß er nach dem Sempronischen Gesetz abgelöst wurde. Davon schreibe ich dir nur so kurz, weil mir dieser derzeitige Zustand des Staates keinerlei Freude macht. Und er wünscht Lentulus, er möge die Erfahrung, die er selber gemacht habe, auf schmerzlosere Weise lernen: Man darf nämlich weder auf seine Sicherheit bedacht sein, ohne an die Wahrung seines Ansehens zu denken, noch umgekehrt für sein Ansehen sorgen, ohne auf seine Sicherheit bedacht zu sein.[46] An die Wahrung der Sicherheit ohne Verlust der Würde und des Ansehens war freilich nicht mehr zu denken. Als Caesar und Pompeius sahen, daß Cicero durch seine Erfahrungen nicht klug und willfährig geworden war, begannen sie ihn unter Druck zu setzen. Die, die mir die Flügel gestutzt haben, wollen nicht, daß sie mir wieder wachsen[47], charakterisiert Cicero seine Lage. Sein Bruder, der zuerst Legat des Pompeius in Sardinien, dann Legat Caesars in Gallien wurde, mußte sich für die Linientreue Ciceros verbürgen. Dieser resignierte, da er auch bei seinen Standesgenossen keinen Rückhalt fand. Im Mai 56 schwenkte er in seiner Rede über die Konsularprovinzen (de provinciis consularibus) auf die Linie der Triumvirn ein. Es ging darum, die Provinzen für die Konsuln des Jahres 55 zu bestimmen, und Caesar wollte es verhindert wissen, daß man ihm die beiden gallischen Provinzen aberkannte. Cicero sprach erfolgreich für Caesars Interessen, indem er, so gut es ging, rechtliche Gründe ins Treffen führte. Caesar war befriedigt, die Nobilität verstimmt, und Cicero mußte sie darauf hinweisen, daß sie es ja selber auch nicht an den ehrenvollsten Beschlüssen für Caesar im Senat hatte fehlen lassen. Obwohl er sich bemüht, alle Vorwürfe abzuwehren, ist ihm nicht wohl bei seinem Stellungswechsel. Zwar hält er es für einen vernünftigen Entschluß, nach allem, was er erleben mußte, auch einmal an seine Sicherheit zu denken. Schluß damit! Da die, die nichts zu sagen haben, mich nicht lieben wollen, will ich mich bei denen beliebt machen, die etwas zu sagen haben. Du wirst antworten: «Hättest du das nur schon längst getan!» Ich weiß, du hast es immer gewünscht, und ich bin ein rechter Esel gewesen. Aber jetzt ist's wohl an der Zeit, daß ich's gut mit mir selber meine, da ich das von diesen Leuten einfach nicht erreichen kann.[48] Doch mit seiner Würde als Konsular und ehemaliger pater patriae ist diese seine Lage unvereinbar: Denn was ist widriger als unser Leben, besonders das meine? Du bist, wenn auch von Natur aus dem politischen Leben zugewandt, doch nicht persönlich abhängig und genießt nur die allgemeine Misere mit. Ich aber – äußere ich mich politisch, wie sich's gebührt, so gelte ich als verrückt. Rede ich den Umständen entsprechend, bin ich eine Sklavenseele, halte ich den Mund, so heißt es, ich trage Knebel und Fesseln. Was glaubst du, wie schmerzlich mir dabei zu Mute ist[49], schrieb er an Atticus.

Die folgenden Jahre, die im Zeichen des politischen Kleinkrieges und der Formierung einer senatorischen Opposition gegen Caesar standen, brachten noch manche Demütigung für Cicero. So mußte er auf das Drängen von

Pompeius und Caesar hin den Exkonsul Gabinius und den ehemaligen Volkstribun Vatinius verteidigen. Gegen sie als die Mitschuldigen an seiner Verbannung hatte er noch vor kurzem kräftig vom Leder gezogen. In einem Brief
an Lentulus Spinther fühlte er sich auf mancherlei Vorwürfe hin gedrängt,
einen großangelegten Rechenschaftsbericht zu geben. Nach seiner Rückkehr
habe er dieselbe politische Linie wie früher vertreten, aber erleben müssen,
daß ihm viele seiner Standesgenossen die kalte Schulter zeigten und er bei
den Triumvirn mit seiner senatorischen Politik starken Anstoß erregte. In
echt platonischer Weise fährt er fort: *Da ging ich mit mir zu Rate und
besprach mich sozusagen mit der res publica selber, sie möge doch mir, der
ich so viel für sie getan und gelitten habe, gestatten, meinen Verpflichtungen
nachzukommen, mich meinen Wohltätern gegenüber erkenntlich zu erweisen und das Wort, das mein Bruder gegeben hatte, einzulösen. Und sie solle
dulden, daß derjenige, der sich ihr gegenüber stets als treuer Bürger gezeigt
hatte, auch ein ehrlicher Mensch sein dürfe . . . Ein starker Beweggrund war
es für mich auch, daß die res publica selber einen Kampf mit diesen beiden
Männern* (Caesar und Pompeius) – *zumal nach Caesars großen Kriegstaten –
keinesfalls zu wünschen und sich mit allen Mitteln dagegen zu sträuben
schien.*[50] Die Triumvirn erscheinen als seine Wohltäter, da sie seine Rückkehr aus der Verbannung erlaubt haben, und er sieht sich in einem Dankbarkeitsverhältnis zu ihnen. Diese Hinwendung entsprang, wie die zuletzt zi-
tierten Atticus-Briefe zeigen, mehr der Enttäuschung über die Nobilität, die
ihn nicht gebührend würdigte, als politischer Einsicht und dem festen Glauben an eine Besserung der Verhältnisse durch das Regiment der Triumvirn.
Außer seinem Stellungswechsel glaubte er auch noch einmal seine Haltung
während seiner Verbannung rechtfertigen zu müssen. Der Vorwurf, er habe
kampflos die Stellung geräumt, hatte ihn schwer getroffen. In den Briefen
aus dem Exil hatte er seine überstürzte, kopflose Flucht beklagt, doch inzwischen hatte er sich die Dinge in seinem Sinne zurechtgerückt: Seine Abreise
war nun eine wohlüberlegte Tat, mit der er den Staat zum zweitenmal
gerettet hatte, indem er ein Blutbad zwischen seinen Anhängern und den
Clodius-Banden verhinderte, das zu bürgerkriegsähnlichen Zuständen in
Rom geführt hätte. Mit ihm zusammen war der Staat in die Verbannung
gegangen, und mit ihm war er wieder zurückgekehrt. Zweifellos eine gewal-
tige Selbstüberschätzung, doch mit einem Kern Wahrheit, denn hätte sonst
Caesar so lange mit dem Heer vor den Toren Roms gewartet und seine
dringende Abreise nach Gallien aufgeschoben, bis Cicero die Stadt verlassen
hatte, wenn er nicht der Ansicht war, erst jetzt sei die Stimme der res publica
verstummt? Nun aber, da die in seinem Konsulat begründete und bei seiner
Rückkehr erneuerte concordia, wie es scheint, endgültig dahin ist, hat Cicero
sich mit Caesar ausgesöhnt. Man wechselt Briefe voll urbaner Höflichkeit,
und der Bruder, der sich in Gallien militärisch bewährt, wirkt als starkes
Bindeglied. Zudem bildet die Freundschaft mit Caesar auch eine starke
Rückendeckung gegen die weiterhin andauernden Umtriebe des Clodius. All
diese Vorteile können Cicero jedoch nicht darüber hinwegtäuschen, daß seine
Rolle in der Politik ausgespielt ist. Seinem Bruder gegenüber klagt er: *Es tut*

mir weh, liebster Bruder, es tut mir in der Seele weh, daß wir keinen Staat mehr haben, kein Gerichtswesen, und daß ich in meinem Alter, in dem ich mich eigentlich meiner Würde als Senator zu erfreuen hätte, mich entweder mit Prozeßkram herumschlage oder mich daheim mit literarischen Arbeiten aufrechterhalte, und daß mein Leitstern, an dem ich von Kindheit an meine Freude hatte, nämlich

«*Immer der Erste zu sein und sich auszuzeichnen vor andern*»,

ganz und gar erloschen ist, und daß ich meine Gegner teils unbehelligt lassen, teils sogar verteidigen muß, daß ich nicht in meiner Gesinnung, ja nicht einmal in meinem Haß frei bin.[51]
In dieser für ihn nach außen hin so glanzlosen und wenig erfreulichen Zeit beginnt seine erste schriftstellerische Periode. Zwischen den Jahren 55 und 51 entstehen die Werke *de oratore* (*Vom Redner*), *de re publica* (*Vom Staat*) und *de legibus* (*Von den Gesetzen*). War die Schriftstellerei für ihn eine Flucht aus der unerträglich gewordenen politischen Wirklichkeit oder war sie eine Fortsetzung der Politik mit anderen Mitteln? Sie war beides zugleich, wie aus seinen Selbstzeugnissen hervorgeht. Er konnte ohne eine sinnvolle Beschäftigung nicht leben, und sinnvoll war eine Beschäftigung für ihn nur, wenn sie im weitesten Sinne auf die res publica gerichtet blieb. In einem Brief an den Bruder betont er den ersteren Aspekt: *Ich arbeite an dem Werk über den Staat, von dem ich dir erzählte, ein langwieriges und mühevolles Geschäft. Aber wenn es nach Wunsch gelingt, hat sich die Mühe gelohnt. Wenn nicht, werfe ich es geradewegs ins Meer, das ich hier beim Schreiben vor Augen habe, und fange etwas anderes an, ich kann ja nun einmal nicht dasitzen und gar nichts tun.*[52] In seinem philosophischen Werk *de divinatione* (*Von der Weissagung*) hebt er besonders den politisch-erzieherischen Beweggrund seiner Tätigkeit hervor: *Ich habe viel und lange darüber nachgedacht, wie ich möglichst vielen nützlich sein könnte, um zu keiner Zeit den Dienst an der res publica aufzugeben, und dabei fand ich, es sei das Bedeutendste, wenn ich meinen Mitbürgern den Zugang zu den edelsten Wissenschaften erschlösse, was ich ja meines Erachtens bereits mit mehreren Werken getan habe . . . Kein Zweig der Philosophie sollte noch übrig sein, der nicht in lateinischer Sprache zugänglich gemacht würde. Kann ich denn dem Staat ein größeres oder besseres Geschenk machen, als wenn ich die Jugend lehre und bilde? . . . Mich hat nun einmal das schwere Unglück unseres Staates dazu gebracht, die Philosophie schriftlich darzustellen, da ich während der Bürgerkriegswirren weder dem Staat auf meine gewohnte Weise mit Erfolg dienen noch untätig bleiben konnte und ich nichts fand, was meiner würdiger gewesen wäre . . . Ich habe mich wieder diesen Studien zugewandt, weil ich dadurch am ehesten mein Gemüt von Gram erleichtern und zugleich meinen Mitbürgern nützen konnte.*[53] Die Beschäftigung mit der Philosophie, das Lehren und Ausbilden, wird geradezu als Ersatz für die frühere politische Betätigung bezeichnet: Wie Cicero einst seine sententia im Senat abgab und Stellung bezog zu bestimmten Fragen, so tut er es jetzt in seinen Büchern. Auch der

Blick auf die Bucht von Neapel (Faraglioli-Klippen), an der die Villen der vornehmen Römer lagen («der Luxuskrater», wie Cicero die Gegend nennt)

Gedanke eines geistigen Wettbewerbs mit den Griechen ist in diesem Zusammenhang von Bedeutung. Die herrschende Klischeevorstellung teilte den Römern die führende Rolle auf dem militärisch-politischen Sektor zu, während sie den Griechen die Vorrangstellung auf dem Gebiet der Künste und Wissenschaften überließ. Die Römer behandelten die politisch entmachteten Abkömmlinge der einstigen Großmacht Hellas mit verachtungsvoller Herablassung; gleichzeitig aber fühlten sie sich ihnen geistig und kulturell unterlegen. Dieses zwiespältige Verhältnis war im allgemeinen Bewußtsein fest verankert. Man studierte Philosophie und Rhetorik nur auf griechisch und war gar nicht bestrebt, in lateinischer Sprache einmal den Griechen etwas Ebenbürtiges entgegenzustellen. Cicero bemühte sich systematisch darum, dieses Klischee zu durchbrechen. Er will mit seinen rhetorischen und philosophischen Werken den Beweis dafür antreten, daß auch die lateinische Sprache als Wissenschaftssprache geeignet ist. Daher erscheint bei ihm immer wieder die pädagogisch zugespitzte These, daß sich die Römer den Griechen auf keinem Gebiet, auch nicht auf dem der Wissenschaft und Literatur, unterlegen zu fühlen brauchen. Seine eigene Leistung auf schriftstellerischem Gebiet bildet einen Markstein in dieser Entwicklung: Er hat eine philosophisch-wissenschaftliche Begriffssprache geschaffen, die für die Nachwelt bis in die Neuzeit hinein verbindlich blieb, und er hat durch die Fülle an Feinheiten und neuen Aussagebereichen, die er der lateinischen Sprache hinzugewann, die Blütezeit der römischen Literatur in der augusteischen Epoche vorbereitet. Deren Vertreter haben sich in ihrem dichterischen Selbstgefühl den von Cicero erhobenen Anspruch des Römischen zu eigen gemacht und ihn erfolgreich zu verwirklichen gesucht.

Das Werk über den vollkommenen Redner, *de oratore*, ist dem Bruder gewidmet. Cicero klagt in der Einleitung darüber, daß es ihm nicht wie den großen Männern der Vergangenheit vergönnt ist, *otium cum dignitate* zu genießen, ein ruhiges, würdiges Alter, in dem man sich nach ehrenvoller Betätigung vor Gericht und in den Staatsämtern der Muße, und das heißt für den gebildeten Römer immer, der Beschäftigung mit den Wissenschaften und Künsten, widmen kann. Aber die Stürme der Zeit haben dies verhindert. So will Cicero wenigstens, so gut es geht, mit seinen schriftstellerischen Werken belehrend auf die Jugend wirken. De oratore ist, ebenso wie *de re publica* und *de legibus*, ein Dialog in mehreren Büchern, *Aristotelio more, in der Art des Aristoteles*[54], genauer der des Akademikers Herakleides Pontokis, der als Aristoteles-Schüler galt. Dabei tragen mehrere Dialogpartner jeweils ihre Ansichten in zusammenhängender Rede vor, anders als im sokratisch-platonischen Dialog, der meist aus einem Wechselgespräch besteht. Als Hauptpersonen treten die großen Vorbilder aus der Jugendzeit auf, die berühmten Redner Antonius und Crassus, die vor befreundeten jungen Leuten ihr Ideal des vollkommenen Redners entwickeln. Die erzieherische Grundsituation der platonischen Dialoge ist ins Römische umgesetzt: Große Politiker geben ihre Erfahrungen an die Jugend weiter und wirken beispielhaft durch ihre im Staatsleben erworbene auctoritas. Das weite Gebiet der Beredsamkeit wird virtuos abgehandelt: Zu einer Rede – hier geht es hauptsächlich um die Gerichts- und die beratende Staatsrede – gehören fünf Arbeitsgänge (officia oratoris): 1. inventio, Auffinden der Hauptgesichtspunkte, 2. dispositio bzw. collocutio, Anordnung des Stoffes, 3. elocutio, stilistische Formung, 4. memoria, Memorieren, Gedächtniskunst, 5. actio bzw. pronuntiatio, der künstlerische Vortrag. Die Rede besteht aus folgenden Teilen (partes orationis): 1. exordium bzw. prooemium, Einleitung, 2. narratio, Schilderung des Hergangs, 3. partitio bzw. propositio, Gliederung der Hauptbeweise, 4. argumentatio bzw. probatio, Beweisführung, unterteilt in refutatio, Widerlegung der gegnerischen Beweise, und confirmatio, Vortrag der eigenen Beweiskette, 5. peroratio bzw. conclusio, Schlußteil. Die Rede trägt den Charakter eines Überredungs- und Überzeugungsprozesses und ist daher auf das persuadere, das Überreden, abgestellt. Dazu verhilft das probare (bzw. docere), das conciliare und das movere: Der Redner muß die Hörer – also die Geschworenen bzw. die Abstimmungsberechtigten – mit sachlichen Argumenten von der Wahrheit seiner Beweisführung überzeugen, er muß die Sympathien seiner Zuhörer gewinnen und ihre Gemüter rühren. Je nach dem Thema der Rede und seinem augenblicklichen Ziel muß er sich des passenden Redestils bedienen, des genus elocutionis. Er muß entweder das genus grande benutzen, den erhabenen, pathetischen Stil, wenn es um das movere, die Rührung der Zuhörer geht, oder das genus medium, den mittleren oder gemischten Stil, zum Beispiel für die Beweisführung, oder das genus tenue, den schlichten Stil, etwa für die narratio, die Schilderung der Fakten. Zu den Voraussetzungen für vollendete Redekunst rechnet Crassus neben der Naturanlage und dem Fleiß umfassende Kenntnisse auf allen Gebieten: Bürgerliches Recht, Gesetze, Geschichte, Politik, Literatur und Kunst, hauptsächlich aber den gesamten Bereich der Philosophie. Hier begegnen wir Ciceros Rednerideal, wie es bereits in seiner Jugendschrift *de inventione* erschien, dem Ideal des doctus orator, der gleichermaßen in der Philosophie wie in der Rhetorik ausgebildet ist und damit die seit Sokrates herrschende unheilvolle Trennung der beiden ursprünglich zusammengehörigen Wissenschaften aufheben soll, *dieses Auseinandergerissensein, möchte ich sagen, von Zunge und Verstand (discidium linguae atque cordis), ist ganz verkehrt, schädlich und tadelnswert, dergestalt nämlich, daß die einen uns das Denken, die anderen das Reden beibringen*[55]. Hierin wirkt zweifellos unter anderem das Beispiel von Ciceros Lehrer Apollonios Molon, der einer der wenigen war, die beide Disziplinen unterrichteten. Die Philosophie soll bei Cicero dem Redner nicht nur als eine Hilfsdisziplin ein größeres Reservoir an Wissen und Gedanken sowie dialektische Schulung vermitteln. Sie steht vielmehr gleichberechtigt neben der Rhetorik und soll echte Persönlichkeitsbildung sein, die den Redner erst zum wahren Staatsmann macht, den die humanitas des Gebildeten wie auch die verantwortungsbewußte Haltung dessen auszeichnet, der sich der res publica verpflichtet fühlt. Crassus, der im Gegensatz zu dem mehr auf die praktischen Erfordernisse des Forums ausgerichteten Antonius das Ideal des philosophisch gebildeten Stilkünstlers vertritt, ist noch nicht der ideale Redner. Er sagt: *Meine Schule war das Forum, meine Lehrmeister waren die Erfahrung, die Gesetze und Einrichtungen des römischen Volkes und die Sitte der Vorfahren. So sehr ich auch nach den Wissenschaften, von denen ich sprach, dürstete, so habe ich doch nur wenig davon gekostet . . . Sollte aber dereinst einer auftreten, der nach der Art des Aristoteles über jeden Gegenstand dafür und dagegen seine Ansicht darlegen und nach dessen Vorschriften in jedem Fall zwei entgegengesetzte Vorträge halten oder nach der Weise des Arkesilaos und Karneades gegen jede aufgestellte These argumentieren kann und mit dieser wissenschaftlichen Bildung noch die rednerische Erfahrung und die Schulung in der Redekunst vereinigen könnte, der wäre der wahre, der vollkommene, der einzige Redner. Denn weder kann der Redner ohne die nervige Kraft des Forums genug Feuer und Nachdruck haben noch kann er ohne vielseitige Gelehrsamkeit über genügend Schliff und Klugheit verfügen.*[56] Crassus weist also über sich hinaus auf einen Redner in der Zukunft, der die Idealforderungen erfüllen soll, einer, der nicht nur von der Philosophie gekostet hat, sondern von ihr durchdrungen ist. Seine Forderungen spiegeln Ciceros spätere Äußerungen über sich selbst als Redner, die wir bereits zitiert haben: Er ist der Redner, der aus den Wandelhallen der Philosophen hervorgegangen ist, und sein Selbstzeugnis aus dem *Brutus* zeigt ihn als den Orator, der alle Ansprüche des Crassus erfüllt. Er ist der Typus des politischen Menschen: orator ist schon im Rom der Vorfahren die Bezeichnung für den Staatsmann, der im Gegensatz zum miles, zum Krieger, im Frieden den Staat lenkt. Seine Haupttugend, die sapientia, ist politische Klugheit, die zum rechten politischen Handeln führen soll: *Unsere Domäne ist ja – wenn wir wirklich Redner sein wollen, wenn wir bei Streitigkeiten zwischen den Bürgern, in Gefahrensituationen, in Beratungsverhandlungen als Ratgeber und Führer Verwendung finden sollen – unsere Domäne ist, sage ich, dieses ganze Gebiet der Staatsklugheit und Gelehrsamkeit.*[57]

Damit leitet die Behandlung des vollkommenen Redners und der Redekunst folgerichtig über zu der Darstellung des wahren Staatsmannes und des besten Staates in einer neuen Schrift *de re publica. Zwei Bücher waren bereits fertig, in denen ich ein Gespräch beginnen ließ zwischen Africanus kurz vor seinem Tode und Laelius, Philus, Manilius, Publius Rutilius, Quintus Tubero und Laelius' beiden Schwiegersöhnen Fannius und Scaevola. Das Gespräch sollte sich auf neun Tage und ebenso viele Bücher verteilen und von der besten Verfassung des Staates und dem besten Bürger handeln. Das Werk geriet ganz ordentlich, und das Ansehen der Gesprächspartner gab ihren Erörterungen das nötige Gewicht.*[58] Dieses Werk, von dem nur sechs Bücher fragmentarisch erhalten sind, stellt auf der Grundlage der griechi-

Bacchantin und Kentaur, Wandgemälde aus der sog. Cicero-Villa in Pompeji.
Neapel, Museo Nazionale

schen Staatsphilosophie die drei Grundformen der Staatsverfassung dar: die monarchische, die aristokratische und die demokratische. Im Kreislauf der Verfassungen entartet eine jede Form und wird von der nächsten abgelöst. So hatten es bereits Platon und der griechische Geschichtsschreiber Polybios gesehen. Allein eine aus den dreien gemischte Verfassung kann von Dauer sein, und eine solche ist die römische Verfassung. Ciceros Idealstaat ist der idealisierte Staat der Vorfahren, der als wahre res publica die res populi, die Sache des Volkes, das echte Gemeinwesen ist und sich wie der platonische Staat auf Gerechtigkeit gründet. Diesen Staat, den man in der Gegenwart verloren hat, will Cicero erneuert sehen. Im Buch 4 bis 6 wird der optimus civis, der beste Bürger und wahre Staatsmann dargestellt, dessen Aufgabe die Sorge für das Wohlergehen der Mitbürger ist. Das Werk gipfelt im abschließenden *Somnium Scipionis*, der Traumerzählung Scipios, die dem Jenseitsmythos von Platons «Staat» entspricht. Dem träumende Scipio erscheint sein Ahnherr Scipio Africanus maior, der Sieger über Hannibal, und läßt ihn einen Blick ins Jenseits tun, in die Welt der Sphärenharmonien: *Damit du, Africanus, dich noch eifriger für die Rettung des Staates einsetzt, sollst du wissen, daß allen, die das Vaterland bewahrt, unterstützt, gefördert haben, im Himmel ein sicherer Platz bestimmt ist, wo sie glücklich ein ewiges Leben genießen. Nichts ist nämlich jenem höchsten Gott, der die ganze Welt regiert, von allem, was auf Erden geschieht, wohlgefälliger als die Versammlungen und Vereinigungen von Menschen, die sich auf der Grundlage des Rechts vollziehen und die «Bürgerschaften» genannt werden. Deren Lenker und Erhalter gehen von hier aus und kehren hierher zurück.*[59] Zugleich weissagt ihm der ältere Scipio seinen weiteren Lebensweg: Er wird die Pflicht haben, den aus den Fugen geratenen Staat neu zu ordnen. *Zu dir ganz allein und zu deinem Namen wird sich dann die gesamte Bürgerschaft hinwenden, auf dich wird der Senat, auf dich werden alle Gutgesinnten, auf dich die Bundesgenossen, auf dich die Latiner blicken. Du wirst der einzige sein, auf dem das Heil der Bürgerschaft ruht. Kurz gesagt: Als Diktator mußt du das Staatswesen in Ordnung bringen, falls du den verbrecherischen Händen deiner Verwandten entkommen wirst.*[60] Africanus ist der wahre Staatsmann, der nicht durch Sonderrechte und Privilegien, welche die Freiheit und Gleichheit der Mitbürger beschränken, die Geschicke des Staates zu lenken vermag. Nur die altrömische Form der Diktatur wird ihm in der Krise des Staates zugestanden: ein streng zeitlich und rechtlich begrenztes Amt, dessen Träger nach der Erfüllung seiner Aufgaben von selbst wieder abdankt und alle Macht den Magistraten zurückgibt. Ein solcher Mann wirkt durch seine auctoritas, die richtungweisende Geltung seiner Persönlichkeit, er ist der erste, von allen Mitbürgern freiwillig als solcher anerkannte Mann der Bürgerschaft, ein primus inter pares, der sich innerhalb der republikanischen Ordnung als tutor und procurator, als Vormund und Verwalter des Gemeinwesens versteht. Cicero bezeichnet hier wie auch anderswo die Männer seiner geistigen Ahnengalerie als solche principes civitatis und gubernatores rei publicae, als die führenden Männer des Staates, einen Africanus, Fabius, Marcellus, Aemilius Scaurus, Catulus, Metellus Numidicus und schließlich auch sich

Die Gärten der Scipionen in Rom, Schauplatz von Ciceros «De re publica»

selbst.[61] Diese Beispielreihe mit ihrer Einordnung in den Rahmen der alten res publica zeigt zur Genüge, daß Cicero mit seinem optimus civis, dem besten, hervorragenden Bürger, keinen der Triumvirn und keine neue Form der Alleinherrschaft meinte. Auch sollte der Lenker des Staatswesens, der moderator rei publicae, der vom imperator, vom Feldherrn, abgehoben wird, ein Mann sein, von dem ausdrücklich gesagt wird, daß er *für den Nutzen des Volkes mehr Sorge trägt als für die Durchsetzung seines eigenen Willens*[62]. Dieser bedeutsame, in der Diskussion über das princeps-Problem bei Cicero bisher zu wenig beachtete Hinweis erweist den princeps geradezu als Gegenbild eines Pompeius oder Caesar.

An die Darstellung des besten Staates und des wahren Bürgers schließt sich wie bei Platon das Werk über die Gesetze an (*de legibus*), als eine Gesetzgebung für die ideale res publica. Das Rechtswissen wird *tief aus dem Innersten der Philosophie geschöpft*[63], und die Grundlagen des Rechts werden aus dem Wesen des Menschen und aus der Natur abgeleitet. Die menschliche Gesellschaft soll auf Recht und Humanität gegründet sein, da die Menschen zur Gerechtigkeit geboren und untereinander gleich sind.

Die drei staatspolitischen Schriften zeigen Cicero nicht nur als Verfechter seines Ideals einer wahren res publica mit verantwortungsbewußten Bürgern, sie zeigen ihn auch als Künstler der Szenerie, vor allem, was die Einkleidung und den Rahmen seiner Dialoge angeht. Die Spannung zwischen der Welt des otium, der Freizeit, und dem Feld der Politik wird überbrückt in der Haltung der humanitas, der Hinwendung zum zwischenmenschlichen

Kontakt und der Hingabe an das Philosophieren. Der Hintergrund der beiden Hauptwerke ist verdüstert von drohenden politischen Katastrophen und dem bevorstehenden Tod der beiden Hauptunterredner Crassus und Africanus («Phaidonstimmung»), während in *de legibus* die liebliche Heimatlandschaft Arpinums die freundliche Szenerie bildet, vor der die beiden Brüder Cicero mit dem Freund Atticus diskutieren.

Anfang des Jahres 52 wurde Cicero wieder in den Strudel der Ereignisse hineingerissen. Das politische Leben war im Jahre 53 weitgehend lahmgelegt,

Palimpsest, doppelt beschriebene Handschrift. Über ein Manuskript der «re publica» wurde im Mittelalter ein Psalm geschrieben. Rom, Vatikanische Bibliothek

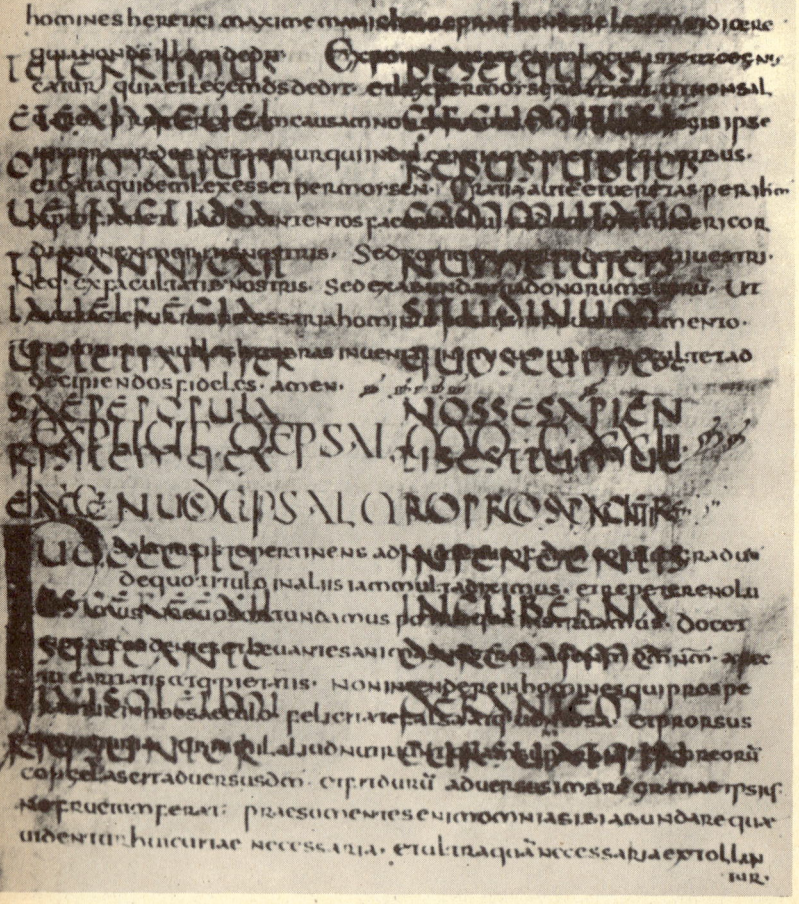

Via Appia

Rom befand sich am Rande der Anarchie. Die Banden des Clodius, der sich für 52 um die Praetur bewarb, lieferten sich mit denen der übrigen Amtsbewerber erbitterte Straßenschlachten. Der heftigste Kontrahent des Clodius war Titus Annius Milo, der sich als Tribun seinerzeit zusammen mit Publius Sestius tatkräftig für Ciceros Rückberufung aus dem Exil eingesetzt hatte. Er bewarb sich nun um das Amt des Konsuls, und Clodius mußte befürchten, unter Milos Konsulat als Praetor in seinen eigenen Aktionen drastisch eingeschränkt zu werden. Daher trieb er mit seinen Banden auf seine Weise Wahlhilfe für Milos Mitbewerber. Blutige Straßenkämpfe waren an der Tagesordnung, es gab keine ordnungsgemäß gewählten Magistrate, der Senat war nicht in der Lage einzugreifen, und Pompeius sah dem Treiben tatenlos zu, förderte es wohl gar noch unter der Hand, da er hoffte, wenn dem Senat das Wasser am Halse stehe, werde er zum Diktator ernannt werden. Er sah mit Sorge, wie sich Caesars Machtposition in Gallien zusehends stärkte, wie Caesar sich mit den gallischen Reichtümern Scharen von Anhängern in Rom erwarb, während er selber an Einfluß verlor. Im Januar 52, als der politische Kampf aufs äußerste angeheizt war, begegneten Milo und Clodius einander auf der Via Appia. Ihr beiderseitiges Gefolge geriet in Streit, wobei Clodius erst verwundet und dann auf Geheiß Milos erschlagen wurde. In den darauffolgenden Unruhen wurde Pompeius endlich zwar nicht zum Diktator, wohl aber zum alleinigen Konsul, zum consul sine collega, ernannt und mit außerordentlichen Vollmachten ausgestattet. Er hielt es für geraten, sich der Radikalen von beiden Seiten zu entledigen und den Senat seines schlagkräftigen Vorkämpfers zu berauben, um seine eigene Vormachtstellung zu sichern. Milo wurde de vi, wegen Gewalttaten angeklagt, und Pompeius ließ keinen Zweifel daran, daß er einen Schuldspruch wünschte. Inmitten tobender Clodianerhorden und waffenstarrender Schutztruppen des Pompeius hielt Cicero die Verteidigungsrede auf dem Forum. Er sprach nicht mit der gewohnten Überlegenheit und ersetzte seine Rede später durch eine glänzende Überarbeitung, die er auch dem schuldiggesprochenen Milo an seinen Verbannungsort Massilia schickte. Dieser soll mit grimmigem Humor gesagt haben, es sei ein Glück, daß Cicero diese Rede damals nicht so gehalten habe, sonst könne er jetzt hier nicht so gute Seefische essen.[64] Politische Gesinnungsfreunde hatten Cicero geraten, die Tat als rechtens und im Interesse des Staates begangen zu bezeichnen. Cicero lehnte dieses juristisch wie politisch bedenkliche Argument ab und plädierte statt dessen auf Notwehr. Dabei verzichtete er aber keineswegs auf die starken emotionalen Wirkungen des anderen Arguments, sondern gebrauchte es als latentes Hauptargument, während er das juristisch unanfechtbare Notwehrthema gewissermaßen als Fassade aufbaute. Durch das leitmotivische Wechselspiel der beiden Argumentationsweisen erhält die Rede ihre außerordentliche Wirkung. Der staatspolitische Aspekt, unter dem Cicero den Fall sieht, führt dazu, daß Milo und Clodius zu dem politischen Gegensatzpaar guter Bürger–Tyrann hochstilisiert und an ihnen Gedanken aus *de re publica* verifiziert werden: Milo ist der *conservator tanti populi*, der Retter eines solch großen Volkes, er wird in eine Reihe gestellt nicht nur mit den griechischen Tyrannenmördern und Freiheitshelden, sondern auch mit den römischen Verteidigern der Republik aus der Vorzeit bis hin zu Cicero selber, dem *conservator* der Stadt Rom und ihrer Bürger. *So könnte sich Titus Annius auf dieselbe Weise rechtfertigen wie Ahala, wie Nasica, wie Opimius, wie Marius, wie ich selber. Zeigte sich die Bürgerschaft dankbar, würde er sich freuen, zeigte sie sich undankbar, so fände er in seinem harten Schicksal doch eine Stütze in seinem Gewissen.*[65] Da die res publica nicht mehr heil ist, besteht keine ungebrochene Wechselwirkung mehr zwischen dem Verdienst des einzelnen und der Anerkennung durch die Gemeinschaft, eine für Cicero sehr schmerzliche Erfahrung. Sie führt bei ihm zur Relativierung des Ruhmesgedankens sowie zum Rückzug auf das eigene Innere und wird im *Somnium Scipionis* in der Transzendenz aufgehoben. Von hier führt der Weg – freilich nicht gradlinig – zu einer allmählich immer größer werdenden Distanz Ciceros von der Tagespolitik und zum tieferen Eindringen in die Welt der Philosophie, in der er einen neuen festen Standpunkt sucht. *Dieses herrliche Gefühl durchströmt mich erst jetzt, daß dieses ganze Elend des Staates und die Willkür dieser Frechen, die mich bisher so empfindlich verletzen konnte, mich nun überhaupt nicht mehr berührt. Es gibt nichts so Grundschlechtes wie diese Leute und diese Zeit. Da man in der Politik keine Befriedigung mehr finden kann, weiß ich nicht, warum ich mich noch ärgern sollte. Die Wissenschaften und meine Studien machen mir Freude, das ruhige Leben auf meinen Gütern und vor allem unsere beiden Jungen.*[66] Damit waren der Sohn Marcus und der Neffe Quintus gemeint. Am liebsten hielt sich Cicero auf seinem Tusculanum auf,

Allegorie der Rhetorik. Im Vordergrund links Cicero, Milo verteidigend.
Holzschnitt aus «Margarita philosophica» des Gregor Reisch, Freiburg
1503

der Villa in Tusculum, die er mit Büchern und Kunstwerken reich ausgestattet hatte, ebenso wie seine anderen Villen bei Formiae, bei Antium, Cumae und Pompeji, in die er sich flüchtete, wenn ihm das Treiben in Rom zuwider war. Er las viel, schrieb selbst, so unter anderem die Dichtungen *de consulatu suo (Über mein Konsulat)* und *de temporibus suis*, die die Zeit seiner leidvollen Verbannung und triumphalen Rückkehr schilderte. Außerdem pflegte er den geselligen Umgang mit kultivierten Freunden. Die Briefe an diese, sofern sie nicht beschwert sind von der Sorge um die Politik, spiegeln Ciceros urbanitas wider, seinen Sinn für heitere Kultiviertheit und sein feines Empfinden. Ein Beispiel dafür ist der Brief an seinen Gutsnachbarn Marcus Marius, den Cicero beneidet, daß er den schönen Ausblick aus seiner Villa aufs Meer genießen könne bei angenehmer Lektüre, während er selber sich verpflichtet gefühlt hatte, die Spiele des Pompeius in Rom anzuse-

Grotte der Sibylle von Cumae, altes Heiligtum aus
vorrömischer Zeit. Die Sibyllinischen Bücher gehörten
zum römischen Staatskult

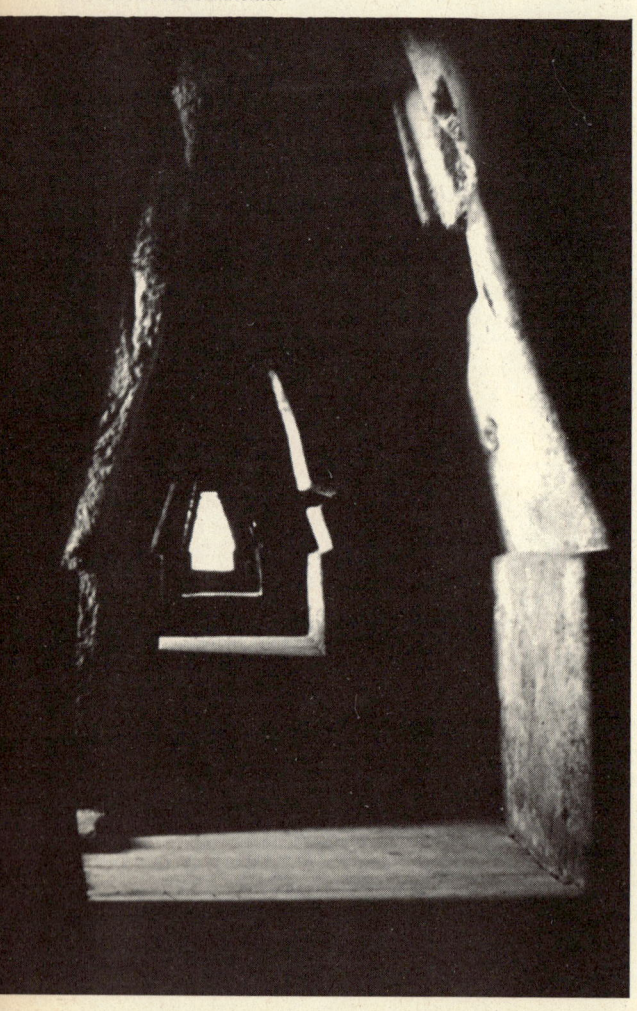

Die Gräberstraße von Pompeji außerhalb der Porta Ercolanea. Nur von hier aus hat man den von Cicero geschilderten Blick, so daß sich seine Villa in dieser Gegend befunden haben muß

hen. *Wenn du dich also in diesen Tagen mit deinem (Vorleser) Protogenes beschäftigt hast, dann hast du, falls er dir nicht gerade meine Reden vorgelesen hat, gewiß bedeutend mehr Spaß gehabt als irgendeiner von uns ... Schließlich die Tierhetzen, großartig, das gibt jeder zu, aber wie kann ein kultivierter Mensch daran Gefallen finden, wenn entweder ein schwacher Mensch von einer gewaltigen Bestie zerrissen oder ein herrliches Tier von einem Jagdspeer durchbohrt wird? Wenn man so etwas gesehen haben muß, nun, so hast du es oft genug gesehen; wir, die wir uns das anschauen mußten, haben nichts Neues gesehen. Am letzten Tag gab es die Elefanten. Da war ein Staunen bei der Menge und dem Pöbel, aber freuen konnte man sich nicht recht daran, vielmehr kam so etwas wie Mitleid auf und das Gefühl, diese Riesentiere hätten irgendwie etwas Menschliches an sich ... Kann ich mich von meinen Geschäften ein wenig freimachen – mich gänzlich von ihnen zu lösen, verlange ich ja gar nicht – dann werde ich dir, der du schon viele Jahre auf nichts anderes aus bist, gewiß zeigen, was es heißt, menschlich zu leben.*[67]

Das *humaniter vivere* bedeutet für Cicero die Beschäftigung mit Kunst und Wissenschaften, kultivierte Geselligkeit, Diskutieren, Philosophieren – dies prägt die Atmosphäre seiner Villeggiatur: Das Tusculanum und die anderen

Villen bilden den Gegenpol zum Forum Romanum. Ein gehobenes Abbild dieser Geselligkeit benutzt Cicero als Rahmen für seine späteren philosophischen Dialoge. Hier stellt er die Abhandlung philosophischer Themen als Diskussionen mit seinen Freunden dar, die ihn in seiner Villa besuchen, meist an einem Feiertag, wenn der Römer das otium, die Muße von den Staatsgeschäften, genoß. Die von den Griechen und besonders von Platon kultivierte Dialogform wird in eine typisch römische Gesellschaftssituation eingebettet. Diese nimmt dem Philosophieren nichts von seiner strengen Konsequenz, denn die Dialogteilnehmer sind keine mehr oder minder anonymen Schüler, wie oft bei Platon, sondern hochgestellte Persönlichkeiten des öffentlichen Lebens, die das ganze Gewicht ihrer auctoritas einsetzen. Auf der anderen Seite gewinnt die wissenschaftliche Betätigung auf dem Hintergrund urbaner Geselligkeit eine Aura freier Geistigkeit und Kultiviertheit. Dadurch ist sie fern von jedem rigiden Dogmatismus; sie qualifiziert sich als humanum, als die Beschäftigung, die dem Menschen besonders ansteht.

Die ungeheure geistesgeschichtliche Wirkung, die Cicero auf das Mittelalter und die Renaissance ausgeübt hat, beruht zum großen Teil auf diesem

Das Amphitheater von Tusculum

Francesco Petrarca. Von Andrea del Castagno. Florenz, Kloster St. Apollonia

humanen und urbanen Element der sprachlichen und sprachkünstlerischen Mitteilung, wie sie sich auch im philosophischen Dialog und im Briefwechsel spiegelt. Diese Sprache zieht die Menschen in ihren Bann, weil sie mit den Mitteln höchster rhetorischer Brillanz den anderen, das Gegenüber sucht und an-spricht. Ciceros Sprache kann sinnlich erfahren werden als Kommunikation, als Begegnung und Auseinandersetzung, und das sinnlich erfahrbare Erlebnis dieser Sprache war es, was in der Begegnung Petrarcas mit Cicero den Funken überspringen ließ und ein neues Zeitalter, den Humanismus, einleitete.

Petrarca erinnert sich in einem Brief an seinen Freund Luca de Penna aus dem Jahre 1374: «Schon von frühester Kindheit an, wo man sonst für Märchen oder Fabeln schwärmt, habe ich mich auf Cicero gestürzt, aus einer natürlichen Veranlagung heraus oder vielleicht auf die Ermunterung meines Vaters hin, der selbst ein großer Cicero-Verehrer war . . . Verstehen konnte ich freilich in diesem Alter noch nichts, nur eine besondere Süße und ein Wohlklang der Worte fesselte mich derart, daß alles andere, was ich sonst las oder hörte, mir rauh und höchst mißtönend vorkam. Das war, ich muß es gestehen, das gar nicht so unverständige Urteil eines unverständigen Knaben, wenn man das ein Urteil nennen darf, was doch ohne Begründung bestand. Und es ist doch seltsam, daß ich damals, als ich noch nichts verstand, dasselbe empfand wie jetzt, so lange Zeit später, da ich etwas, wenn auch nur ein bescheidenes Teil, Vernunft besitze.»

Eine gesetzliche Neuregelung des Prokonsulats führte dazu, daß man zur Provinzialverwaltung auf ältere Konsulare zurückgriff. So mußte auch Cicero, sehr gegen seinen Willen, im Sommer 51 nach Kleinasien aufbrechen, um dort die Provinz Kilikien (das südöstliche Küstenland) zu übernehmen. Vor seiner Abreise veröffentlichte er noch *de re publica,* und sein Freund Caelius konnte ihm bald darauf mitteilen: «Deine Bücher über den Staat sind in jedermanns Händen.»[68] Am Bild des *tutor et procurator rei publicae,* wie er es dort dargestellt hatte, maß er auch sich selber in seiner Tätigkeit als Statthalter. Für seinen Bruder hatte er einst, als dieser Provinzialgouverneur von Asia (westliches Kleinasien) war, einen Leitfaden der Provinzialverwaltung in Briefform verfaßt und das Bild des uneigennützigen, gerechten und unbestechlichen Statthalters entworfen, das Gegenbild zu einem Verres. Quintus solle danach streben, *daß, wohin du auch kommst, im öffentlichen wie im privaten Leben ungetrübte Freude herrscht, wenn es sich zeigt, daß die Stadt einen Schutzherrn und keinen Tyrannen und das Privathaus einen Gast und keinen Räuber aufgenommen hat ... Daß du dich bemühst, der Vater Asiens zu heißen und auch wirklich dafür zu gelten.*[69] So wirkte er auch selber, wie schon als Quaestor in Sizilien, in einer für die damaligen Verhältnisse geradezu einmaligen und ungewöhnlichen Weise für das Wohl der Provinzialen und nahm es in Kauf, korrupte Standesgenossen vor den Kopf zu stoßen, wie den ehrenwerten Brutus, der mit Ciceros Hilfe durch Bewaffnete von den unglücklichen Bewohnern der Insel Cypern 48 Prozent Zinsen für ein Darlehen eintreiben wollte. An Atticus, der sich für Brutus' Forderungen einsetzte, schrieb Cicero entrüstet: *Darum bittest du mich also, du, dessen Gesicht ich mir immer vorstelle, wenn ich über irgendeine ruhmvolle Aufgabe nachdenke? ... Und ich sollte es dann jemals wieder wagen, diese meine Bücher zu lesen oder auch nur in die Hand zu nehmen, die du so sehr rühmst, wenn ich mich zu etwas Derartigem hergegeben hätte?*[70] Sein ebenso adelsstolzer wie raubgieriger Amtsvorgänger Appius Claudius, ein Verwandter des Clodius, beklagte sich, daß ein homo novus es gewagt hatte, seine ausbeuterischen Maßnahmen rückgängig zu machen. Cicero wies ihn schroff zurecht: *Meinst du, der Name Appius oder Lentulus gälte mir mehr als die Auszeichnungen echter Tüchtigkeit? Auch als ich noch nicht im Besitze der Ehren war, die in den Augen der Menschen den meisten Glanz haben, hat mir euer bloßer Name doch niemals imponiert; die Männer, die ihn euch hinterlassen haben, die galten mir als groß ... Wenn du darüber anders denkst, würde es dir nichts schaden, wenn du dir ein wenig genauer ansähest, was Athenodor, Sandos Sohn* (ein Philosoph), *darüber sagt, damit du echten Adel von Ahnenstolz zu unterscheiden lernst.*[71] An Caelius, der als Aedil für seine Spiele Panther aus Kilikien haben wollte, zu deren Fang die Bevölkerung hätte zwangsverpflichtet werden müssen, schrieb er witzig: *Es gibt verblüffend wenig Panther hier, und die wenigen beklagen sich angeblich bitter, daß sie die einzigen in meiner Provinz sind, die man nicht in Ruhe läßt. Deshalb sollen sie beschlossen haben, aus meiner Provinz nach Karien* auszuwandern.[72] Obwohl er nur ungern Rom verlassen hatte, fühlte er jetzt große Befriedigung bei seiner Tätigkeit: *In meinem ganzen Leben hat mir noch nie etwas ein solches Vergnügen gemacht wie dieser Beweis meiner Uneigennützigkeit, und es ist nicht so sehr mein Ruf – der könnte nicht besser sein – als vielmehr die Sache selber, die mir Freude macht. Nicht wahr? Es war der Mühe wert! Ich kannte mich selbst nicht und wußte noch gar nicht recht, was ich in meinem Wirkungskreis hier leisten könnte. Und ich bin ganz zu Recht mächtig stolz: Es könnte alles nicht großartiger sein.[73]* Die Einwohner von Samos errichteten Cicero und seiner Familie aus Dankbarkeit im heiligen Tempelbezirk der Hera von Samos ein Ehrenmonument, von dem noch einige Bauteile mit Weihinschriften erhalten sind. Auch die militärischen Aufgaben vermochte er zur Zufriedenheit zu lösen. Die Parther bildeten die große Bedrohung im Osten, seit Crassus im Jahre 53 bei Carrhae eine schwere Niederlage gegen sie erlitten hatte, die ihm den Tod brachte. Nun gelang es, sie zurückzudrängen und ihre Verbündeten am Amanosgebirge zu schlagen. Bei Issos, an der historischen Stätte der Alexanderschlacht, wurde Cicero von seinen Soldaten zum Imperator ausgerufen. Er scherzte zwar über diese übertriebene Ehrung, schrieb aber doch mit dem ehrgeizigen Stolz des homo novus an seine Freunde und an den Senat mit der Bitte, ihm

Die Manavgatfälle im Süden Kleinasiens

Kleinasiatischer Leopard, nach Cicero Pardus panthera tulliana benannt

daraufhin ein Dankfest oder gar den Triumph zu gewähren. Das wäre für ihn ein Trostpflästerchen gewesen für vieles, das er hatte einstecken müssen. Trotz aller Befriedigung über seine Tätigkeit ließen ihn jedoch Rom und die römische Tagespolitik nicht los, über die er sich brieflich auf dem laufenden halten ließ. Die politische und reformerische Bedeutung einer gerechten Provinzialverwaltung für das Reichsganze wurde ihm nicht bewußt, weil er allzusehr an die Stadt Rom fixiert blieb und für eine eigenständige Geltung der Provinzen keinen Sinn hatte. Ein Programm Caesars, das von der Ruhe Italiens, dem Frieden der Provinzen und der Wohlfahrt des Imperiums sprach[74], ohne Rom überhaupt zu erwähnen – ein solches Programm wäre ihm unverständlich gewesen, obwohl er selbst in Kilikien durchaus im Sinne eines solchen Planes gearbeitet hatte.

So bemühte er sich trotz aller Befriedigung über seine Tätigkeit eifrig darum, daß sein Kommando nicht verlängert wurde und er zum frühestmöglichen Termin wieder in sein geliebtes Rom heimkehren konnte. In welch einen Hexenkessel er zurückkehrte, wurde ihm freilich erst zu spät klar: Wenige Tage nach seiner Ankunft überschritt Caesar den Rubikon. Die Auseinandersetzungen zwischen Caesar und dem Senat hatten während Ciceros Abwesenheit die schärfsten Formen angenommen. Pompeius hatte sich seit dem Jahr 52 und dem Tod seiner Gattin Julia, der Tochter Caesars, wieder an die Optimaten angeschlossen. Caesar hatte sich in acht Jahren seiner Statthalterschaft in Gallien eine beachtliche, in den Augen seiner Gegner bedrohliche Machtposition geschaffen, und der Senat hielt es für geboten, nun Caesars Abberufung durchzusetzen. Dieser wollte sich für 48 um das Konsulat bewerben, und bei seinem rücksichtslosen Einsatz aller

Münze aus Magnesia. Umschrift: Marcus Tullius Cicero. Die Münze ehrte Cicero und seinen Bruder, die beide als Statthalter von Kilikien und Asia der Bevölkerung Steuererleichterung gewährt hatten

Mittel zweifelte niemand daran, daß er sein Ziel erreichen und noch weit willkürlicher als das erste Mal schalten werde. Die einzige Handhabe, dies zu verhindern, war ein Prozeß wegen unerlaubter Amtsführung. Caesar, der in Gallien nach eigenem Gutdünken regiert und sich verschiedene, von Cato hart gerügte Verstöße gegen die Rechtsgepflogenheiten des römischen Volkes hatte zuschulden kommen lassen, hätte bei einem solchen Rechenschaftsprozeß das Verbannungsurteil zu erwarten gehabt. Das wäre das Ende seiner politischen Karriere gewesen. Man konnte Caesar jedoch nur in der Zeit zwischen der Niederlegung seines Provinzialkommandos und der Wahl zum Konsul gerichtlich belangen. In dieser Zeit war er Privatmann, während er als Amtsträger immun war. Für Caesar war es eine Frage auf Leben und Tod, eine solche Zwischenzeit zu vermeiden. Daher forderte er die Erlaubnis, sich in Abwesenheit um das Konsulat zu bewerben und widersetzte sich einer Abberufung. Das diplomatische Ringen ging lange hin und her, und Caesars Gegner waren bestrebt, den Vorteil, den er durch seine militärische Machtposition und die große, mit dem gallischen Reichtum geworbene Anhängerschar besaß, dadurch zunichte zu machen, daß sie ihn auf den Weg der Illegalität drängten. Schließlich wurde beschlossen, Caesar solle sein Heer zu einem bestimmten Termin abgeben, andernfalls habe er als Staatsfeind zu gelten. In mehreren Verhandlungen im Januar 49 setzte sich Cicero leidenschaftlich für einen Vermittlungsvorschlag und für die Erhaltung des Friedens ein. Gegen seine Stimme wurde jedoch der Notstandsbeschluß, das senatus consultum ultimum, erlassen und Pompeius mit dem Oberbefehl betraut. Damit herrschte Kriegszustand. Caesar überschritt den Rubikon, den Grenzfluß zwischen seiner Provinz Gallia citerior (Oberitalien) und Italien, und besetzte die wichtigsten Städte. Pompeius räumte Rom und marschierte in den Osten ab, wo ihm treu ergebene Heere und ein riesiges Kriegspotential zur Verfügung standen. Der größte Teil der Optimaten folgte ihm dorthin. Cicero wurde durch diese Ereignisse in die tiefste Verzweiflung gestürzt. Nicht nur, daß er seit den Erlebnissen seiner Jugendzeit den Bürgerkrieg als das schlimmste aller Übel haßte – er befand sich gewissermaßen zwischen den Fronten. Vor seiner Reise nach Kilikien hatte er sich Caesar angenähert, war von ihm mit dem größten Respekt behandelt worden und hatte politisch seinen Schutz genossen. Jetzt war Caesar der Staatsfeind; aber vertrat Pompeius als Exponent der Senatspartei wirklich die res publica und konnte sich Cicero bedenkenlos auf seine Seite stellen? Der Entschluß des Pompeius, Rom und Italien preiszugeben, war militärisch zweifellos richtig, dennoch schwächte er ideell seine Position sehr, denn wer Rom in der Hand hatte, bezog aus diesem Besitz ein gut Teil Legalität, mochte er auch der Angreifer sein. All das Unwägbare und doch so Gewichtige, das man mit dem

Kilikische Landschaft

Begriff «Romidee» zusammenfaßt, spielte eine nicht zu unterschätzende Rolle, hier ebenso wie mehrere Jahre später, als die Caesar-Mörder Brutus und Cassius Rom und Italien aufgaben, um sich auf starke Heere im Osten zu stützen. Octavius benutzte später die «Romidee» in seinem Kampf gegen Antonius als schlagkräftiges ideologisches Argument. Der Abzug des Pompeius hatte Cicero, für den Rom der Mittelpunkt der Welt war, einen schweren Schock versetzt und sein Vertrauen in Pompeius nachhaltig erschüttert. Die zahlreichen Briefe an Atticus aus jener Zeit zeigen Ciceros Skrupel und die Qualen seiner Entscheidung; er sah zu tief und zu genau, als daß es für ihn Schwarz und Weiß gegeben hätte. Über Caesar urteilte er: *Was für ein wahnwitziger, elender Kerl, der niemals auch nur einen Hauch vom wahren Schönen und Guten verspürt hat! Und da sagt er noch, er tue alles nur um seiner Ehre willen! Aber wo gibt es Ehre ohne Anstand? Ist es etwa anständig, auf eigene Faust ein Heer zu kommandieren, Städte der Mitbürger zu besetzen, um einen leichteren Zugang zur Vaterstadt zu gewinnen . . . und tausenderlei Verbrechen im Schilde zu führen, «erringt er nur die größte Göttin sich, die Macht»? . . . Ich möchte jedenfalls tausendmal lieber sterben als auch nur einmal an solch etwas zu denken.*[75] Aber auch von Pompeius ist er enttäuscht: *Was für eine schändliche und darum auch erbärmliche Haltung! So ist es ja doch, meine ich: Erst das oder vielmehr nur das kann man ein Unglück nennen, was Schande bringt. Er war es, der Caesar groß gemacht hat, hatte dann auf einmal Angst vor ihm bekommen, sich auf keinen Friedensvorschlag eingelassen, nichts zum Krieg vorbereitet, die Hauptstadt im Stich gelassen, Picenum durch eigene Schuld verloren, sich nach Apulien verdrückt und schickt sich nun an, nach Griechenland zu gehen und uns alle, ohne Kontakt zu ihm, ohne jegliche Kenntnis von seinem schwerwiegenden, so ungewöhnlichen Entschluß, hier zurückzulassen.*[76] So kommt er zu der Feststellung: *Vor wem ich zu fliehen habe, weiß ich, aber nicht, wem ich folgen soll.*[77] Er mißt beide Kontrahenten am Bilde seines idealen Staatsmannes aus *de re publica* und kommt zu dem vernichtenden Urteil: *Beide streben nur nach Gewaltherrschaft, es geht ihnen nicht darum, daß die Bürgerschaft glücklich und ehrenvoll lebe . . . Schon längst läuft es auf ein sullanisches Schreckensregiment hinaus.*[78] Als Pompeius im Osten angekommen war, wurde eine Entscheidung unausweichlich. Cicero, der sich auf seinen Gütern fern vom Getriebe der Hauptstadt aufhielt, versuchte, als das Abwägen praktischer Gesichtspunkte kein Ergebnis gebracht hatte, auf theoretischem Wege zur Klarheit über seine Entschlüsse zu kommen und legte sich und dem Freund Atticus politisch-philosophische Thesen vor, ein Beweis dafür, daß bei ihm politisches Denken und Handeln nie getrennt waren, sich nun allerdings in einem merkwürdigen Mißverhältnis zur Wirklichkeit befanden. *Soll man im Vaterland bleiben, während es von einem Tyrannen beherrscht wird? . . . Muß man mit seinen Gönnern und Freunden in der Politik alle Gefahren teilen, auch wenn sie offenbar nicht gut beraten sind in ihren politischen Maßnahmen?*[79] So diskutierte Cicero brieflich mit Atticus in griechischer Sprache und hatte ganz vergessen, daß er einst über Cato als einen weltfremden Moralisten gespottet hatte, der tue, als habe er es

Innenhof des Hauses der Vettier, Pompeji

mit Platons Idealstaat zu tun und nicht mit dem Abschaum des Romulus.[80] Aber nun, da er nicht sah, auf welcher Seite die wahre res publica zu finden war, hatte er jede Entschlußkraft und Sicherheit verloren. Caesar nahm seine Haltung als wohlwollende Neutralität und schrieb an ihn:

«Caesar, der Imperator, grüßt Cicero, den Imperator.

Du hast mein Verhalten ganz richtig eingeschätzt – du kennst mich ja auch gut genug –, daß mir nämlich nichts ferner liegt als Grausamkeit. Daß du meine Haltung so beurteilst, erfüllt mich mit großer Freude, aber daß auch mein Vorgehen deinen Beifall findet, das verleiht mir ein freudiges Hochgefühl. Es macht mir gar nichts aus, daß diejenigen, die ich freigelassen habe, wieder auf und davon sind, wie es heißt, um weiter gegen mich zu kämpfen. Nichts ist mir lieber, als daß ich mir selber treu bleibe und sie sich. Von dir aber wünsche ich mir, daß du dich vor der Stadt in Bereitschaft hältst, damit ich mich, wie es meine Gewohnheit ist, in allem deiner Ratschläge und Hilfen bedienen kann.»[81] Dies ging unmißverständlich auf eine positive Erklärung Ciceros im Senat. Doch dieser wollte sein Bleiben in Italien nicht als Votum für Caesar verstanden wissen; er mußte sich jedoch darüber klarwerden, daß man ihm keine absolute Neutralität zubilligen würde, daß er vielmehr an einer klaren Stellungnahme nicht vorbeikommen würde. Am 28. März 49 kam es zur Begegnung zwischen Cicero und Caesar in Ciceros Villa in Formiae. Cicero reagierte mit unerwarteter Festigkeit. Er schreibt darüber an Atticus: *Beides ging deinem Rat entsprechend: Einmal habe ich so gesprochen, daß ich eher Respekt als Dankbarkeit bei ihm erweckte, und zum zweiten blieb ich dabei: Ich komme nicht nach Rom! Nur darin habe ich mich getäuscht, daß ich ihn für nachgiebig hielt. Nichts weniger als das . . . Nach langem Hin und Her: «Komm also und rede zum Frieden!» «So wie ich es für richtig halte?» Er: «Sollte ich dir etwa Vorschriften machen?» Ich: «Dann werde ich mich dafür einsetzen, daß der Senat den Heereszug nach Spanien und den Transport von Truppen nach Griechenland mißbilligen soll, und ich werde das Geschick des Pompeius lebhaft bedauern.» «Daß so etwas gesagt wird, will ich nicht!» «Das habe ich mir gedacht», sagte ich, «aber gerade deshalb will ich ja nicht kommen. Entweder muß ich mich so äußern oder wegbleiben, und wenn ich da bin, muß ich vieles sagen, was ich einfach nicht verschweigen kann.» Das Ergebnis war schließlich, daß er, um einen guten Abgang zu finden, sagte, ich solle mir die Sache noch einmal überlegen. Das konnte ich nicht abschlagen, und so schieden wir. Ich glaube also nicht, daß er mit mir zufrieden war, aber ich war's mit mir, und das ist mir schon lange nicht mehr passiert. – Was das übrige anlangt – gute Götter! – was er da für Leute bei sich hat! Die reinste Unterwelt, um deinen Ausdruck zu gebrauchen! . . . Es ist aus mit uns . . . Doch seine Bemerkung zum Schluß – ich hätte sie beinahe vergessen –, die war noch besonders widerwärtig: Wenn er sich meiner Ratschläge nicht bedienen könne, so werde er sich eben an die Leute halten, die ihm zur Verfügung ständen, und zu den äußersten Mitteln greifen.*[82] Diese persönliche Begegnung mit Caesar schuf einen scharfen Gegensatz zu dem positiven Eindruck, den sich Cicero auf Grund seiner äußerst konzilianten Briefe von ihm gemacht hatte. Er sah nun den entschlossenen Machtpolitiker, der noch dazu von den finstersten Gestalten, Glücksrittern, Opportunisten und verkrachten Existenzen aller Art umgeben war. Darin bestand Caesars Tragik, daß – von einigen Ausnahmen abgesehen – Männer wie Cicero ihn ablehnten und es hauptsächlich «der Abschaum des Romulus» war, der sich ihm aus gewinnsüchtigen Motiven anschloß. Diese «Unterwelt» mit ihrem Treiben, die Cicero einen solchen Abscheu eingeflößt hatte, war es nicht zum wenigsten, die den Haß gegen Caesar in weiten Kreisen lebendig hielt und schließlich vernichtend entflammte. Unter diesem Aspekt erhält die «widerwärtige Bemerkung» Caesars ihren besonderen Akzent. Caesar hatte eine Niederlage hinnehmen müssen, und sein gereizter Ton zum Schluß zeigte, wie sie ihn getroffen hatte. Damit waren die Fronten geklärt und der Bruch vollzogen. Ciceros Entschluß war gefaßt: Trotz aller freundlichen oder scharfen Ermahnungen, sich doch nicht ins Unglück zu stürzen, reiste er am 7. Juni mit seinem Bruder in den Osten zu Pompeius ab. Er hoffte auf keinen Sieg, keinen Vorteil mehr, aber sein Platz war doch bei Pompeius, denn er wollte, wie er es ausdrückte, nicht als undankbar dem Manne gegenüber gelten, der ihn einst aus den Unannehmlichkeiten befreite, die der andere ihm bereitet hatte. Diese Zuneigung zu Pompeius, der sich für seine Rückberufung aus dem Exil eingesetzt hatte, basierte im Grunde wohl eher auf der neugeweckten Abneigung gegen Caesar, und daß er sein Herz wiederentdeckte für die optimatischen Standesgenossen, die er nicht im Stich lassen zu können glaubte, war wohl auch eher auf den Schock zurückzuführen, den ihm der Gedanke an eine Kumpanei mit der «Unterwelt» eingejagt hatte. Aber seine Entscheidung war konsequent, denn daß hier bei Caesar die res publica nicht war, hatte sich klar erwiesen, und die Optimaten verkörperten doch in gewisser Weise wenigstens die Erinnerung an ein legitimes Staatswesen, wenn sie auch jeder für sich genommen weit entfernt davon waren, optimi cives zu sein. Im Lager des Pompeius flocht man dem in letzter Stunde eintreffenden Cicero freilich keine Kränze, und er verbrachte seine Zeit höchst mißvergnügt, die Vor- und Nachteile abwägend, die Sieg oder Niederlage der beiden Gegner ihm und den Mitbürgern einbringen würden. Nach der Niederlage von Pharsalos und der Flucht und Ermordung des Pompeius wollte man Cato den Oberbefehl übertragen, doch dieser forderte Cicero auf, das Kommando zu übernehmen, da er als Konsular den höheren Rang bekleide. Cicero lehnte jedoch ab und plädierte dafür, die Waffen gänzlich niederzulegen. Daraufhin wäre er um ein Haar von jugendlichen Heißspornen unter der Führung von Pompeius' Sohn Gnaeus erschlagen worden, die ihn einen Verräter nannten. Cato gelang es mit knapper Mühe, ihn aus dem Lager zu schaffen.

In Brundisium erwartete Cicero den siegreich heimkehrenden Caesar, voll banger Erwartungen, weil er die Aufforderungen, neutral zu bleiben, die bis zuletzt aus Caesars Lager eingetroffen waren, hartnäckig abgelehnt hatte. Quintus Cicero und dessen Sohn suchten auf eigene Faust die Verzeihung des Siegers zu erlangen und schwärzten deshalb Marcus kräftig an, obwohl dieser bereits in einem Brief an Caesar die volle Verantwortung für den Anschluß an Pompeius ausdrücklich auf sich genommen und Quintus entschuldigt hatte. Der familiäre Kummer wurde noch verstärkt durch ein schweres, schließlich zur Scheidung führendes Zerwürfnis mit der Gattin Terentia und die Sorgen um die geliebte Tochter Tullia, die an ihrer Ehe mit Publius Cornelius Dolabella litt. Dieser war als einer der Anhänger Caesars aus dessen engster Umgebung ein wertvolles Bindeglied zu Caesar; aber verschwenderisch, sittenlos und gewalttätig, dabei nicht ohne Charme und Fähigkeiten, war er ein echter Vertreter der jeunesse dorée seiner Zeit. Fast ein Jahr lang mußte Cicero in Brundisium ausharren, während Caesar in Ägypten und Kleinasien kämpfte. Am 25. September 47 fand das Zusammentreffen statt. Caesar war in Tarent gelandet, und Cicero ging ihm entgegen, als er sich Brundisium näherte. Caesar ersparte ihm alle Peinlichkeit, er stieg vom Wagen, begrüßte ihn herzlich und ging in vertraulichem Gespräch eine lange Strecke mit ihm zusammen. Großmütig wurde ihm die Erlaubnis zur Rückkehr nach Rom gewährt. Seit Cicero in Kleinasien zum Imperator ausgerufen worden war, führte er als Anwärter auf einen Triumph die Liktoren mit sich, Amtsdiener, die lorbeergeschmückte Rutenbündel trugen. Auch hatte er, wie es Vorschrift war, die Stadtgrenze von Rom bisher noch nicht überschritten. Überall hatte er die Liktoren mit sich herumgeschleppt, sogar ins Feldlager, obwohl sie ihm oft genug lästig waren, doch der Gedanke an den Triumph hatte ihn nicht losgelassen. Von Caesar mochte er jedoch diese Ehrung nicht annehmen, was sollten die durchweg pompeianisch gesinnten Optimaten dazu sagen? So entließ er jetzt die Liktoren und begab sich nach Rom, da er sich der Verpflichtung, an den Senatssitzungen teilzunehmen, nicht entziehen konnte.

BRITANNIA
Londinium
Tamesis
(Themse)

FRISH
Flevo L.
Albis F.
Amisia F.
Visurgis F.
LANGOBARDI
SEMNONES

MORINI MENAPII
BELGICA
REMI
Arduenna
silva
Sequana F.
TREVERI
GERMANIA
Saltus
Teutoburg.
GERMA
Hercynia
HERMUNDURI
MARCOMANN

LUGDUNENSIS
Liger F. ANDECAVI
TURONI
Augustodunum
AEDUI
SEQUANI SUP.
Alesia
Vindonissa
Regina Castra
Danuvius F.
VINDELICIA
RAETIA
Ingni
Aenus

AQUITANIA
Santoni
ARVERNI
Lugdunum
A. Poeninae
A. Graiae
GURES
Mediol.
Cottiae
Ticinum Cremona
Patavium
Nauportus
Aquileia
VENETI
NORICUM

GALLIA
NARBONENSIS
Nemausus
Massilia
Forum Julii
Padus F.
Mutina
Ravenna
Florentia
Perusia
Ancona
M. HADRI

CANTABRI
TARRACONENSIS
VASCONES
Durius F.
Iberus F.
HISPANIA
LUSITANIA
Tarraco
Saguntum
CORSICA
Cosa
Roma
Neapolis
ITALIA
M. TYRRHENUM

BALEARES
SARDINIA
MARE

BAETICA
Corduba
Baetis F. Gades

MAURI
MAURETANIA
NUMIDIA
Carthago
Adrumetum
Thapsus
CERCINA
AFRICA PROCONSULARIS
PROVINCIA
MARE AFRICUM
SICILIA
Regium

Kaiserliche Provinzen
Senatorische Provinzen

Das römische Reich

Caesar. München, Antiquarium der Residenz

UNTER CAESARS ALLEINHERRSCHAFT

Der Diktator hielt sich nur kurze Zeit in Rom auf, um die dringendsten Angelegenheiten zu ordnen. Bereits Ende November 47 befand er sich wieder auf dem afrikanischen Kriegsschauplatz, wo er nach Pompeius' Tod gegen die letzten Einheiten der Republikaner kämpfte. Im April 46 siegte er bei Thapsos, und der unbeugsame Cato besiegelte mit seinem Freitod bei Utica den Untergang der Republik. Die Söhne des Pompeius führten den Krieg in Spanien weiter, bis Caesar sie im März 45 bei Munda vernichtend schlug und damit das Ende des Bürgerkriegs herbeiführte.

Cicero lebte in tiefster Niedergeschlagenheit in Rom, er verabscheute das wüste Treiben der Caesarianer, und es war ihm schmerzlich, mitzuerleben, wie die wenigen Freunde, die der Krieg ihm noch gelassen hatte, bedroht und ihrer Habe beraubt wurden. Da ihm jede Möglichkeit zu sinnvoller Betäti-

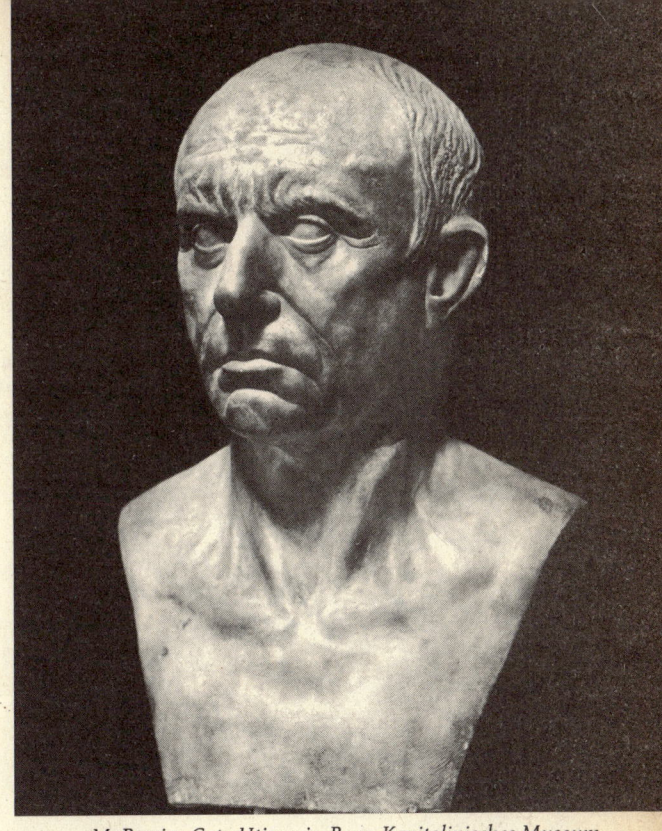

M. Porcius Cato Uticensis. Rom, Kapitolinisches Museum

gung auf immer genommen schien und seine Hoffnung auf ein ehrenvolles Alter dahin war, kam ihm sein Leben inhaltslos vor. Sein Freund Brutus war es, der gemeinsam mit dem treuen Atticus Cicero aufrüttelte und ihm wieder ein Ziel wies. Der spätere Caesar-Mörder Marcus Iunius Brutus, Cicero durch gemeinsame philosophische und rhetorische Studien verbunden, nahm eine Mittlerstellung zwischen Caesar und den Republikanern ein. Er hatte bei Pharsalos auf Pompeius' Seite gekämpft; Caesar aber hatte ihm verziehen und ihn seiner Freundschaft gewürdigt, wie manche behaupteten nicht ganz ohne Rücksicht auf Servilia, seine alte Freundin, die Mutter des Brutus. In der Folgezeit übertrug er ihm hohe Ämter. Gleichzeitig stand Brutus als Nachkomme der berühmten Tyrannengegner Gaius Servilius Ahala und Lucius Iunius Brutus sowie als Neffe und Schwiegersohn Catos in der republikanischen Tradition. Auf seine Ermunterung hin wandte sich Cicero wieder der Schriftstellerei zu. Diese zweite, ungemein fruchtbare

Epoche seines literarischen Wirkens ist bestimmt von einem tieferen Eindringen in die Philosophie. Diese wird nun losgelöst von ihrem früheren ausschließlichen Bezug zum politischen Denken und Handeln. Unter dem Druck der Verhältnisse wird das Philosophieren um der reinen Erkenntnis willen als Wert begriffen und dargestellt. Im Rückzug auf die Persönlichkeit des einzelnen erhält die philosophische Existenz ihre eigene Würde und Bedeutung. Die Philosophie gibt dem Menschen Maßstäbe, die ihm zu einem auf die wahren Güter gerichteten Leben und zur Erkenntnis des Ewigen verhelfen. Neben die praktische Ethik tritt die Erkenntnistheorie. Philosophie in diesem umfassenden Sinne zu sehen und zu betreiben war im römischen Geistesleben etwas Neues – neben Cicero ist hier Lukrez, der Jünger Epikurs, mit seinem Lehrgedicht «de rerum natura» (Von der Natur der Dinge) zu nennen –, und zu einem solchen Rückzug aus der vita activa in den Bereich der vita contemplativa bedurfte es der politischen Umwälzungen, die den selbstverständlichen Sinnzusammenhang zwischen dem Römer als homo politicus und der res publica als Lebensaufgabe zerrissen. «Philosophieren, aber nicht zuviel», hatte es einst im «Neoptolemos», einer Tragödie des Ennius, geheißen, und die Philosophie war in der Folgezeit eine zwar edle, aber doch auf das otium beschränkte Beschäftigung geblieben. Als persönlichkeitsbildende Kraft und grundlegende Disziplin für den römischen Redner hatte Cicero sie in den Werken seiner ersten Epoche gewürdigt; nun aber rückt sie ins Zentrum des Lebens, was sich vor allem an dem Dialog *Hortensius* zeigt.

Am Anfang stehen noch zwei rhetorische Werke: *Brutus* und *Orator*, beide Marcus Iunius Brutus gewidmet. Im *Brutus*, der im Frühjahr 46 spielt, tritt der Zeitbezug sehr deutlich hervor. Cicero beklagt im Vorwort die Lage des Staates sowie seine eigene, und die Dialogpartner Brutus und Atticus sind in der Absicht gekommen, *daß Schweigen herrschen solle über die res publica*, das heißt, daß man nicht über Politik sprechen wolle. Aber alle verstehen zugleich den doppelten Sinn: Es herrscht Schweigen über die alte res publica, denn sie ist tot. Ebenso *schweigt die Stimme der Beredsamkeit . . . in dieser Nacht des Staates* [83]; das Leben und Politisieren auf dem Forum ist dahin, und Brutus, der Erbe von Ciceros politischen Grundsätzen wie seiner Redekunst, ist ebenfalls zum Schweigen verurteilt, was Cicero lebhaft beklagt. Mit der freien res publica ist auch die echte Redekunst an ihr Ende gelangt; sie wird, wie Brutus andeutet, zu einer literarischen Beschäftigung. Von hier führt der Weg zur Situation der Rhetorik in der Kaiserzeit, wie wir sie im Rednerdialog des Tacitus antreffen.

Der *Brutus* bringt eine Geschichte der römischen Beredsamkeit, deren hervorragendste Vertreter von den frühesten Zeiten bis zu ihrem jetzigen Höhepunkt und Ende in Hortensius und Cicero selbst vorgeführt werden. Ciceros Selbstdarstellung wurde bereits an anderer Stelle zitiert (vgl. S. 34). Auch Caesar wird als Redner gewürdigt. Er hatte Cicero seine sprachwissenschaftliche Arbeit «de analogia» gewidmet und ihn dabei in seiner geistigen Größe als Redekünstler und Meister der Sprache gewürdigt. In dieser Anerkennung lag freilich auch eine Beschränkung auf den literarischen Bereich.

Cicero und die Rhetorik. Ausschnitt aus einem Freskenzyklus des Andrea da Firenze (A. di Bonaiuto), 1365, in der Spanischen Kapelle von Santa Maria Novella in Florenz

Dieses ehrenvolle Abschieben ins Unpolitische weist Cicero nun zurück, indem er den Ruhm und den wahren Nutzen des Redners neben, teilweise sogar über den des Feldherrn stellt. Im *Orator* entwickelt Cicero sein Ideal des vollkommenen Redners und ergreift damit Partei gegen die – meist jüngeren – Anhänger der «attischen» Rhetorik, denen auch Brutus nahestand und die einen ausgesucht schlichten, kargen und unterkühlten Stil vertraten. Dabei beriefen sie sich auf die attischen Redner um 400 v. Chr., wie zum Beispiel den Athener Lysias. Cicero sieht darin eine drohende Verarmung der Beredsamkeit wie auch der römischen Sprache. Er fordert vom Redner, daß er alle drei Stilarten, nicht nur den schlichten Stil, beherrsche, wie dies Demosthenes, der ja auch zu den attischen Rednern zähle, in so meisterhafter Weise getan habe. Für Cicero steht die Hauptaufgabe des Redners, das Überzeugen, Packen und Mitreißen im Vordergrund, und dazu reicht der schlichte Stil nicht aus. Dieser Streit zwischen Cicero und den Neo-Attizisten ist im Grunde ein Streit zwischen zwei Generationen, die verschiedenen Epochen angehören. Die leidenschaftliche, flammende Beredsamkeit eines Cicero wie eines Demosthenes gehört der bewegten Zeit der Republik an, die akademische Kühle und Schlichtheit der jungen Neo-Attizisten paßt zu einer Zeit der Diktatur, in der es keine unruhigen Volksmassen und streitenden Parteien auf dem Forum mehr zu überzeugen und in Bann zu schlagen gilt, da nur noch der Wille eines einzigen alles bestimmt. Dieses gewandelte Stilideal zeigt bereits an, daß der Rhetorik in der Kaiserzeit eine andere Rolle zugewiesen werden sollte. Hatte Cicero die Beredsamkeit als *Gefährtin der Ruhe und des Friedens und den Sproß eines wohlgeordneten Staatswesens* bezeichnet, so erscheint sie bei Tacitus in einer deutlichen Konkurrenzdefinition als «der Sproß der Willkür, den die Toren Freiheit nennen, eine Genossin der Bürgerkriege, ein Mittel, die zügellose Volksmenge aufzuhetzen» [84]. Die turbulente Zeit der Republik, die gleichwohl für Cicero die Zeit der Freiheit war, ist abgelöst worden von der vergleichsweise ruhigeren des Prinzipats, dessen Ruhe freilich für Cicero (und im Grunde auch für Tacitus) nur die Ruhe eines Kirchhofs war.

Wenn Cicero auch eine große Befriedigung in seinen wissenschaftlichen Studien fand, so hielt ihn dies doch nicht davon ab, die Politik Caesars sehr genau zu beobachten. Nach der Schlacht von Thapsos schrieb er, von Brutus dazu aufgefordert, einen uns nicht überlieferten Nachruf auf Cato. Ob Brutus diese Anregung mehr als Caesars oder als Catos Freund gegeben hatte, steht dahin; Cicero pries jedenfalls den aufrechten Republikaner in den höchsten Tönen und lobte ihn als den letzten Vertreter altrömischer virtus. Daß dieses Lob Catos den Caesarianern schlecht in den Ohren klingen würde, nahm Cicero bewußt in Kauf. Caesar fühlte sich empfindlich getroffen, so deutlich über seine Schuld am Tode dieses Mannes und am Sterben der Republik belehrt zu werden, und antwortete mit einer giftigen Schmähschrift «Anticato», die als ein Beispiel mehr dafür galt, daß sich seine vielgerühmte clementia, seine Milde, nicht als seine zweite Natur bezeichnen ließ. Ähnlich war es auch, als er, der sich bei Ausbruch des Bürgerkriegs als Schützer der Tribunenwürde bezeichnet hatte, jetzt brutal gegen den Volkstribunen Me-

Cicero. Rom, Vatikan

Denar, Silber, 44 v. Chr. Caesar mit dem goldenen Kranz, erste Münzdarstellung einer lebenden Person. London, British Museum

tellus vorging, der sich weigerte, ihm den Staatsschatz auszuliefern. Vorkommnisse dieser Art wurden von Cicero und seinen republikanischen Gesinnungsfreunden genau registriert. Daneben sah man freilich auch manches Positive bei Caesar, das Anlaß zu Hoffnungen bot. So schrieb Cicero an seinen Studienfreund, den gelehrten Schriftsteller Varro, sie beide wollten zwar ihren Studien leben, sich aber auch nicht versagen, wenn man sie zum Neubau des Staates heranziehen wolle, und sei es auch nicht als Baumeister, sondern nur als Handwerker.[85]

Damit war vor allem die Aufgabe gemeint, für ehemalige Pompeianer, die in der Verbannung lebten, Fürsprache einzulegen. Caesar war bestrebt, im Sinne einer Versöhnungs- und Aufbaupolitik möglichst viele hervorragende Männer aus den Reihen der ehemaligen Gegner für sich zu gewinnen. Cicero sah darin eine Wendung Caesars in Richtung auf die alte res publica und eine echte Chance für das Erstarken der republikanischen Idee, die mit Hilfe der «Unterwelt» nicht zu verwirklichen war. In Mytilene auf Lesbos lebte seit dem Ende des Bürgerkriegs Marcus Marcellus im Exil, der 51 als Konsul eine entscheidende Rolle als Führer des Widerstandes gegen Caesar gespielt hatte. Cicero sah in ihm, falls er die Möglichkeit zur Rückkehr erhielt, eine wertvolle Stütze. Die Verwandten und Freunde des Marcellus und der gesamte Senat baten bei Caesar für ihn, und dieser gewährte ihm Verzeihung und Rückkehr. Für Cicero war dies ein Silberstreif am Horizont, und er schrieb begeistert: *Mir erschien dieser Tag so herrlich, daß ich gleichsam einen Schimmer der wiederauflebenden res publica zu sehen glaubte. Als nun alle, die vor mir zur Abstimmung aufgerufen worden waren, Caesar ihren Dank aussprachen ... da habe ich, als die Reihe an mich kam, meine bisherige Haltung aufgegeben. Ich war entschlossen gewesen – bei Gott nicht aus Verdrossenheit, sondern in Gedanken an meine einstige Würde – für immer zu schweigen. Aber Caesars Seelengröße und die Art, wie der Senat seine Freundespflicht erfüllte, haben meinen Entschluß umgestoßen. So sprach ich Caesar in einer längeren Rede meinen Dank aus.*[86] Die Rede *Pro Marcello* ist ganz auf diesen Ton begeisterten Dankes gestimmt. Das Lob Caesars enthält aber gleichzeitig verpflichtende Forderungen an den Diktator, dessen Hauptaufgabe es sei, die res publica wiederherzustellen: *Dieser Teil bleibt dir noch übrig, dieser Akt steht noch aus: Darauf mußt du hinarbeiten, daß du den Staat in Ordnung bringst und dich seiner vor allen anderen in größter Ruhe und Muße erfreust.*[87] Cicero zitiert hier einmal *de re publica*, wo im *Somnium Scipionis* Africanus mit denselben Worten angesprochen wird: *Dictator rem publicam constituas oportet* – *du mußt als Diktator* (das heißt als Beamter mit außerordentlichen Vollmachten auf Zeit) *die res publica ordnen.*[88] Auch Caesar wird mit dieser Reminiszenz in die Reihe der tutores et conservatores rei publicae, der wahren Staatslenker, eingeordnet und auf ihr Idealverhalten festgelegt. Zum anderen wird hier das Beispiel Sullas beschworen, der nach der Beendigung der Bürgerkriege und nach einer Neuordnung der Verfassung von sich aus sein Amt niederlegte und sich ins Privatleben zurückzog. Was Caesar bei diesem Ansinnen gedacht haben mag, beleuchten zwei Aussprüche von ihm. Über die Republik meinte er: «Sie ist ein Nichts, ein bloßer Name ohne Körper und Gestalt.» Sie in ihrer früheren Form wiederherzustellen lag ihm denkbar fern und war aus seiner Sicht heraus auch keineswegs wünschenswert. Über Sulla und seinen Rücktritt äußerte er sich höchst abfällig. Dieser sei ein politischer Analphabet gewesen, weil er die Diktatur niedergelegt habe.[89]

Cicero bewertet es in seiner Rede als positiv, daß die Zwietracht der Bürger durch Caesars Sieg beendet ist. Durch seine großzügige Amnestiepolitik können sich alle Kreise der Bevölkerung an einer Neuordnung der Verhältnisse beteiligen, und sie sollen dies auch willig tun: *Nun bleibt nur noch übrig, daß alle, die, ich will nicht sagen Klugheit, sondern gesunden Menschenverstand haben, ein und dasselbe wollen*[90], ein kurzer Hinweis auf Ciceros concordia-Programm. Dessen Verwirklichung erschien ihm auch jetzt unter Umständen noch möglich, da die Clementia Caesaris die Voraussetzungen zu einer Wiederherstellung von Eintracht und Stabilität schuf. Freilich basierten alle diese Gedanken darauf, daß Caesars Regime in seiner

Tempel der Venus Genetrix in Rom, 46 v. Chr. Von Iulius Caesar zu Ehren der Stammutter des Julischen Geschlechts erbaut

jetzigen Form etwas Vorläufiges, Vorübergehendes sei. Durch dieses Festhalten an der Idee einer Wiederherstellung der alten libera res publica und durch den verpflichtenden Charakter des Lobes, das Caesar gleichzeitig auf eine bestimmte Rolle festlegen soll, erhalten die Marcellus-Rede wie die beiden folgenden Reden vor Caesar eine gewisse Zwiespältigkeit, obwohl sie vom Thema her höchst einfach sind. Zwiespältig ist auch das Verhältnis Ciceros zur Clementia Caesaris. Das ausgiebig gespendete Lob täuscht nicht darüber hinweg, sondern macht im Gegenteil durch sein Übermaß gerade darauf aufmerksam, daß Caesars Milde als eine Herrschertugend empfunden wird, die diejenigen, denen sie zuteil wird, gleichzeitig degradiert. So hatte Cato die Clementia Caesaris mit der Begründung abgelehnt, er lasse sich nicht begnadigen von einem Tyrannen, der Unrecht tue, wenn er als Herr andere begnadige, über die ihm ein solches Herrenrecht nicht zustehe.[91] Clementia, Milde und Schonung, erweist der römische Feldherr den unterworfenen Völkern gegenüber, den Untertanen des römischen Volkes; sie ist keine Verhaltensweise eines Bürgers seinen Mitbürgern gegenüber. Gerade durch den Erweis seiner Milde – dieses «Surrogat der Bürgerfreiheit» (Fuhrmann) – offenbart Caesar, daß er mit den Römern nicht mehr auf gleichem Fuße steht. Im Vergleich zu Sullas Grausamkeit ist Caesar freilich zu loben, aber wenn man einen Bürger dafür lobt, daß er Bürgerblut geschont hat, so wirkt dieses Lob fragwürdig. In Rom baut man der Clementia Caesaris einen Tempel, sie wird bereits zu einer göttlichen Emanation, und der unter der Kaiserherrschaft aufgewachsene Plutarch, für den sich der Staat nur noch in schlechten oder guten Kaisern verkörperte, meinte, die Römer hätten doch froh sein können, unter Caesar so glimpflich behandelt worden zu sein. Für Cicero und die Zeitgenossen sah das anders aus, und der etwas laute und oft das Aufdringliche streifende Lobpreis der Clementia Caesaris durch Cicero hat seinen Grund in dieser Zwiespältigkeit, etwas loben zu müssen, was zwar den Folgen nach als segensreich, im Ursprung aber als verwerflich empfunden werden mußte.

Seine langerwartete erste Stellungnahme brachte Cicero in engeren Kontakt mit der Umgebung des Diktators. Die Kabinettssekretäre Balbus und Oppius gingen bei ihm aus und ein, und die Caesarianer Pansa, Hirtius und Dolabella nahmen Rhetorikunterricht bei ihm. Er wurde von den Caesarianern zur Tafel zugezogen, wo er sich dann freilich über das zweifelhafte Vergnügen mokierte, neben der Mätresse des Antonius sitzen zu müssen. Seine Hoffnungen auf Marcellus hatten sich nicht erfüllt, da dieser auf der Heimreise ermordet worden war. Nun benutzte Cicero sein neugewonnenes Ansehen dazu, sich für den verbannten Pompeianer Quintus Ligarius einzusetzen. Caesar zeigte sich geneigt, doch gerade zu diesem Zeitpunkt wurde ein Hochverratsprozeß gegen Ligarius angestrengt. Quintus Aelius Tubero, selbst ein ehemaliger Pompeianer, der während des Bürgerkriegs mit Ligarius aneinandergeraten war, klagte ihn nun vor Gericht an, er habe seinerzeit

Basilica Julia, Säulenhalle auf dem von Caesar neu erbauten Forum,
auf das auch die Rostra verlegt wurde

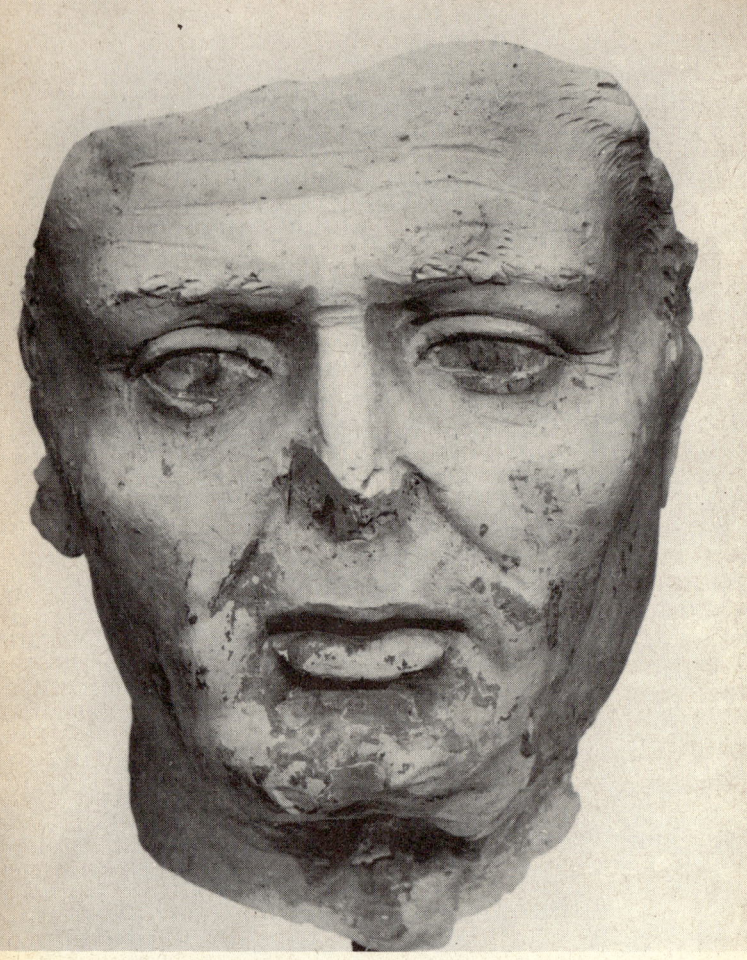

Spätrepublikanischer Terrakottakopf: Cicero (?). München, Staatliche Antiken-sammlungen und Glyptothek

seine Gegner niemals als Verbrecher diffamiert habe, wie das jetzt der mit dem Caesar-feindlichen Numiderkönig Juba konspiriert. Caesar war auf Grund seiner diktatorischen Vollmacht oberster Richter in dem Prozeß, und er soll, als er Cicero unter den Verteidigern erblickte, gesagt haben: «Was hindert uns, wieder einmal Cicero reden zu hören, da das Urteil über Ligarius als einen Frevler und Staatsfeind bereits feststeht?»[92] Ein anderer Anwalt entkräftete den Vorwurf des Hochverrats, Cicero aber pries Caesars einzigartige clementia, seine Milde und Versöhnungsbereitschaft, er verwies auf sich selber als Beispiel für Caesars humane Haltung und stellte klar, daß Caesar

Ankläger tue. Und er brach eine Lanze für die ehemaligen Gesinnungsfreunde: *Ich spreche nicht von uns; von denen spreche ich, die gefallen sind. Mögen sie immerhin von Parteileidenschaft entflammt, wutschnaubend und verstockt gewesen sein – von der Anklage eines Verbrechens, der Raserei und des Mordes am Vaterland aber soll der tote Gnaeus Pompeius, sollen die vielen anderen frei sein.*[93]

Was Cicero in seinen Briefen immer wieder beklagt hatte, daß nämlich der Diktator in seinen Entschlüssen zu sehr von seinen Kreaturen abhängig sei, das hebt er hier besonders hervor: Caesar solle sich von keinem seiner Anhänger das Gesetz seines Handelns diktieren lassen, und seine clementia, die den Zwiespalt zwischen den Parteien überbrückt und die Wunden geheilt habe, frei walten lassen. Caesar hatte Ciceros Redegewalt unterschätzt; dieser war nicht in den Bereich bloßen rhetorischen Virtuosentums abzuschieben. Wie Plutarch berichtet[94], machte die Rede sehr großen Eindruck auf ihn, er wurde abwechselnd rot und blaß und geriet in so heftige Bewegung, daß die Prozeßakten seinen Händen entglitten. Er konnte nicht umhin, Ligarius freizusprechen. Dieser bewies freilich, daß Caesars Animosität berechtigt gewesen war: er befand sich später unter dessen Mördern.

Kurze Zeit nach dem Prozeß unternahm Caesar den Feldzug nach Spanien, um die Pompeius-Söhne zu bekämpfen. Cicero reiste auf seine Landgüter und lebte dort seinen philosophischen Studien. Er hatte den Plan gefaßt, den gesamten Bereich der griechischen Philosophie in lateinischer Sprache darzustellen und die Philosophie dadurch in Rom wahrhaft heimisch zu machen. Da traf ihn im Februar 45 einer der schwersten Schicksalsschläge seines Lebens: Die über alles geliebte Tochter Tullia starb im Wochenbett. Die Scheidung von Terentia hatte zu einer Entfremdung zwischen Cicero und seinem Sohn geführt, die Folgen des Bürgerkriegs hatten das gute Verhältnis mit dem Bruder zerstört, und so war Tullia, die empfindsame und gebildete Frau, der Mensch geworden, an dem er mit ausschließlicher Liebe hing. Seine zweite Ehe mit Publilia, einer reichen jungen Erbin, war nicht glücklich, und als die junge Frau, die immer im Schatten Tullias gestanden hatte, über deren Tod nicht allzu betrübt schien, löste Cicero kurzerhand die Verbindung. Tullias Verlust stürzte ihn in die tiefste Verzweiflung. Er zog sich auf seine einsam an der Küste von Latium gelegene Villa bei Astura zurück, deren düstere Umgebung mit tiefem Waldesdunkel, von Flußarmen durchzogen, seiner Stimmung entgegenkam: *In dieser Einsamkeit entbehre ich jede Zwiesprache, und wenn ich mich am frühen Morgen in das finstere Waldesdickicht verkrochen habe, komme ich vorm Abend nicht mehr zum Vorschein.* Schon vor den augusteischen Dichtern äußert hier ein antiker Mensch das Bedürfnis, Seelen- und Naturstimmung in Einklang zu bringen. Eine neue Art von Empfindsamkeit, ein sentimentales Verhältnis des Städters zur Natur wird hier zum erstenmal im Römischen spürbar. Die Natur wird Folie des Innern, und der Bezug wird mit vollem Einsatz der Persönlichkeit durchlebt und durchlitten. Er bleibt nicht im Künstlerisch-Unverbindlichen wie in der hellenistischen Hirtenidylle.

Vergebens suchen die Freunde den trauernden Vater zu trösten. Der

*Grabmal aus republikanischer Zeit: Grabstein des Aurelius
Herma und seiner Frau Aurelia von der Via Nomentana in Rom.
London, British Museum*

bekannte Jurist Servius Sulpicius Rufus schrieb in seinem Brief, den man den
schönsten Trostbrief des römischen Altertums genannt hat: «Ich will dir von
dem sprechen, was mir selbst nicht wenig Trost gewährte, vielleicht daß es
auch deinen Schmerz zu lindern vermag! Auf der Heimreise von Kleinasien
fuhr ich von Aegina aus in Richtung Megara, und ich begann mir die
Landschaft ringsum zu betrachten. Hinter mir lag Aegina, vor mir Megara,
zur Rechten der Piraeus, zur Linken Korinth, alles Städte, die einst in hoher
Blüte gestanden hatten. Jetzt aber lagen sie zerstört und verwüstet vor
meinen Augen. Da kam mir die Überlegung: ‹Wir armseligen Menschlein
geraten außer Fassung, wenn einer von uns eines natürlichen oder gewaltsa-

men Todes stirbt, obwohl unser Leben doch nur auf eine kurze Spanne Zeit beschränkt ist, und das, während hier die Leichname so vieler Städte an einer Stelle dahingestreckt liegen! Willst du dich nicht fassen, Servius, und daran denken, daß du als Mensch geboren bist?› Glaube mir, dieser Gedanke hat mir nicht wenig Trost geschenkt . . . Rufe auch du deinen Sinn von den trüben Vorstellungen zurück und vergegenwärtige dir lieber, wie es deiner Persönlichkeit würdig ist: Sie hat gelebt, so lange es wert war zu leben, sie hat gelebt, so lange die res publica bestand, sie hat dich, ihren Vater, als Praetor, als Konsul, als Augur gesehen, sie war mit Männern der vornehmsten Kreise vermählt, sie hat fast alles Schöne im Leben gehabt, und als die res publica starb, da ging auch sie aus dem Leben. Wie dürftet ihr also, du oder sie, deshalb mit dem Schicksal hadern? Schließlich darfst du nicht vergessen, daß du Cicero bist; du pflegst sonst anderen Rat und Weisung zu erteilen, und nun mach es nicht wie die schlechten Ärzte, die bei anderer Leute Krankheiten mit ihren Fachkenntnissen glänzen, sich selbst aber nicht zu helfen wissen. Nein, die Ratschläge, die du anderen zu geben pflegst, die wende auf dich selbst an und führe sie dir zu Gemüte! Jeden Schmerz mindert und lindert die Zeit. Aber darauf zu warten und ihr nicht durch deine Weisheit entgegenzukommen, das ziemt sich nicht für dich. Und wenn die Toten noch irgendeine Art von Bewußtsein haben, dann wünscht sie mit all ihrer Liebe zu dir und ihrer Anhänglichkeit an ihre Angehörigen ganz gewiß nicht, daß du dich so verhältst. Tu es der Toten zuliebe, tu es den anderen Freunden und Angehörigen zuliebe, die unter deiner Hingabe an den Schmerz leiden, tu es dem Vaterland zuliebe, damit es auf deinen Rat und deine Hilfe rechnen kann, wenn es deiner bedarf.»[95]

Cicero suchte Trost in der Philosophie. Er schrieb eine Trostschrift (*consolatio*) an sich selber, auf griechischer Tradition fußend, und wandte sich dann dem *Hortensius* zu. Dieser Dialog war dem verstorbenen Redner gewidmet, mit dem Cicero durch lange Jahre der Anwaltskameradschaft verbunden gewesen war. Auch war er von ihm in das ehrwürdige Kollegium der Auguren kooptiert worden. Die Schrift, deren Verlust besonders schmerzlich ist, will zur Beschäftigung mit der Philosophie hinführen, sie ist ein Protreptikós, eine Einladungsschrift, wie sie schon Aristoteles verfaßt hatte. Cicero, Hortensius, Lucullus und Catulus diskutieren zusammen, und Cicero vertritt die Philosophie. Nicht mehr die Redekunst, deren Anwalt Hortensius ist, nimmt den höchsten Rang ein, sondern die Philosophie, das reine Schauen der ewigen Wahrheit. *Denn alles andere ist aus der Notwendigkeit geboren, ist Mittel zum Zweck, das in einem Idealzustand der Menschen nicht mehr nötig wäre. Selig wären wir vielmehr einzig in der Erkenntnis des Seienden und in dem Wissen, durch welches allein auch das Leben der Götter preiswürdig ist.*[96] Einen Abglanz des Werkes vermögen die Worte des Augustinus zu geben, für den der *Hortensius* den ersten Anstoß zu seiner Bekehrung bot: «Dieses Buch wandelte meinen Sinn und kehrte, o Herr, mein Gebet zu dir; es gab meinem Wünschen und Verlangen eine neue Richtung. Auf einmal sank all meine eitle Hoffnung in sich zusammen, und mit unsagbarem Drang meiner Seele sehnte ich mich nach unsterblicher Weisheit, und ich machte

«Augustinus im Gehäus» von Botticelli. Florenz, Uffizien

mich auf, zu dir zurückzukehren. Kein Hilfsmittel zur Vervollkommnung in der Beredsamkeit hatte ich an dem Buch gefunden, nicht durch die äußere Form, sondern durch den Gehalt seiner Worte hatte mich der Mann gefesselt.»[97] Weiter entstehen in den Jahren 45/44 die Werke *Academica* (*Akademische Untersuchungen*), die die Erkenntnistheorie der akademischen Schule erörtern, *de finibus bonorum et malorum* (*Vom höchsten Gut und größten Übel*), worin die Güterlehre der einzelnen Philosophenschulen behandelt wird, *Tusculanae disputationes* (*Tuskulanische Gespräche*), die von den Anfechtungen des philosophischen Lebens wie Tod und Schmerz und ihrer Überwindung handeln. Ferner die Dialoge zur Lehre von den Göttern: *de natura deorum* (*Vom Wesen der Götter*), *de fato* (*Vom Schicksal*) und *de divinatione* (*Von der Mantik*). Daneben entstehen noch aus dem Bereich der praktischen Ethik die Werke *Cato Maior de senectute* (*Cato der Ältere oder über das Alter*) und *Laelius de amicitia* (*Laelius oder über die Freundschaft*), philosophische Erörterungen allgemeiner Lebensthemen. Beide sind dem Freund Atticus gewidmet, während einige der erstgenannten sich an Brutus richten. Ciceros schriftstellerische Tätigkeit fand von Anfang an großes Interesse und Beifall. Zwar hält er es noch für nötig, sich in mehreren Vorreden seiner Werke gegen Vorwürfe zu rechtfertigen, daß einem angesehenen Konsular eine solch ausschließliche Beschäftigung mit der Philosophie nicht anstehe, aber was die zunächst skeptisch aufgenommene Umformung ins Lateinische angeht, so kann er mit Befriedigung bemerken: *Und ich brauche mein Unternehmen um so weniger zu bereuen, als ich leicht merken konnte, bei wie vielen ich damit nicht nur die Freude am Studieren, sondern auch am Schreiben geweckt hatte. Es waren nämlich viele im griechischen Unterricht ausgebildet worden, die das Erlernte jedoch nicht an ihre Landsleute weitergeben konnten, da sie glaubten, man könne diese griechischen Erkenntnisse nicht in lateinischer Sprache ausdrücken. Auf diesem Gebiet glaube ich aber, so viel erreicht zu haben, daß ich den Griechen im sprachlichen Ausdruck nicht mehr unterlegen bin.*[98]

Von besonderer stilistischer Formung und Geschlossenheit zeugt der Schlußteil der *Tuskulanischen Gespräche*, die sich im Prooemium ausführlich mit dem Verhältnis der Griechen und Römer zueinander befassen. Das fünfte und letzte Buch bietet ein Beispiel für die urbane Art von Ciceros Philosophieren. Es geht darin um die Autarkie der Tugend, um die Frage, ob die Tugend, wie von der Philosophie gelehrt wird, zum glücklichen Leben ausreiche, ob also der Weise auch auf der Folterbank glücklich sein kann, wie es der Mitunterredner mit deutlicher Skepsis formuliert. Auch Cicero selber ist nicht frei von Bedenken: Hier scheint doch ein Abgrund zu klaffen zwischen den Erfahrungen des Lebens und den theoretischen Behauptungen der Philosophie. Aber wenn die Philosophie unrecht hätte? – Der Gedanke ist Cicero offenbar unerträglich, deshalb verweist er die Zweifel in den Bereich des Subjektiven. In hymnischem Aufschwung preist er sodann die Philosophie als die geistige Führerin und Stütze im Leben:

Wenn die Tugend hinreichende Gewähr für ein glückliches Leben bietet, wer sollte dann nicht die Bemühungen Früherer um die Philosophie sowohl

Herculaneum, Casa dei Cervi

wie die Weiterführung durch uns für ein großartiges Werk halten? Wenn
aber die Philosophie, den Wechseln und Zufällen des Lebens unterworfen,
eine Sklavin des Geschicks ist und nicht einmal über so viel Stärke verfügt,
sich selber zu schützen, dann, befürchte ich, dürfen wir uns bei der Hoffnung
auf ein glückliches Leben nicht so sehr auf die Tugend verlassen, dann
wenden wir uns deswegen lieber an die Götter. Und freilich, wenn ich mir all
die Schläge vergegenwärtige, mit denen das Schicksal mich hart geplagt hat,
dann beginne ich zuweilen, dieser These zu mißtrauen und vor der menschlichen Hinfälligkeit und Schwäche in Schrecken zu geraten. Ich fürchte nämlich, da die Natur uns einen so schwachen Körper gegeben und ihm dazu
noch unheilbare Krankheiten und unerträgliche Schmerzen angehängt hat,
könnte sie uns auch Seelen gegeben haben, die einerseits die Leiden des
Körpers mitleiden und andererseits abgesehen davon noch mit ihren eigenen
Ängsten und Beschwernissen zu tun haben.

Aber bei solchen Gedanken weise ich mich selber zurecht, daß ich von
fremder und vielleicht auch von eigener Schwächlichkeit und nicht von der
Tugend selbst den Maßstab nehme, um über die Kraft der Tugend zu
urteilen. Denn die Tugend – wenn es sie gibt, und den Zweifel daran hat ja
dein Onkel, Brutus (Cato Uticensis), behoben – ist erhaben über alles, was
dem Menschen zustoßen kann, sie blickt darauf herab, verachtet die Wechselfälle menschlichen Lebens und, frei von aller Schuld, ist sie der Meinung,
daß außer ihr selbst nichts für sie von Bedeutung sein könne. Wir dagegen
vergrößern eher alles Widrige, wenn es auf uns zukommt, noch durch unsere

Angst, und wenn es da ist, durch unsere Betrübnis, und verdammen lieber die natürliche Ordnung der Dinge als unsere eigene Fehleinschätzung. Aber für diese Schuld wie auch für unsere übrigen Fehler und Vergehen ist alle Besserung bei der Philosophie zu suchen. In ihren Schoß hat mich Neigung und Streben schon von frühester Jugend an getrieben, und nach den harten Schlägen der gegenwärtigen Zeit habe ich mich, von heftigen Stürmen erschüttert, wieder in diesen Hafen geflüchtet, aus dem ich ausgelaufen war.[99]

Brunnen eines Hauses in Pompeji

*Aus den Stanzen des Raffael. Deckenmedaillon der Stanza della Segnatura:
Die Philosophie. Die Inschrift Causarum Cognitio stammt aus der «Topica»
Ciceros: «Causarum enim cognitio cognitionem eventorum facit – Die Kennt-
nis der Ursachen bewirkt die Erkenntnis der Ergebnisse» (Top. 67). Rom,
Vatikan*

Die Philosophie ist in dieser Zeit in den Kreisen der Gebildeten zur
Lebenshilfe und zum Religionsersatz geworden. Davon zeugt der im Text
unmittelbar folgende gebetsartige Hymnus auf die Philosophie, der bis in
wörtliche Anklänge christliche Gebetsformen vorwegnimmt:

*Philosophie, du Führerin des Lebens, Erforscherin der Tugend, Vertreibe-
rin des Lasters! Was wären nicht nur wir, sondern das menschliche Leben
überhaupt ohne dich! Du hast Städte hervorgebracht, du hast die zerstreut
lebenden Menschen in Lebensgemeinschaften zusammengerufen, sie zuerst
durch Ansiedlung, dann durch Ehe, endlich durch die gemeinsame Schrift
und Sprache verbunden. Du warst die Erfinderin der Gesetze, die Lehrerin
von Sitte und Ordnung. Zu dir nehmen wir unsere Zuflucht, von dir erbitten
wir Hilfe, dir vertrauen wir uns an, wie früher schon in so vielem, so jetzt
aber ganz und gar. Ein einziger Tag, in rechter Weise nach deinen Geboten
verbracht, ist ja einer ganzen Ewigkeit voller Missetaten vorzuziehen. Wes-*

sen Hilfe sollten wir also eher in Anspruch nehmen als die deine, die du uns ein Leben in Ruhe geschenkt und uns die Todesfurcht genommen hast?

O vitae philosophia dux, o virtutis indagatrix expultrixque vitiorum! Quid non modo nos, sed omnino vita hominum sine te esse potuisset? Tu urbes peperisti, tu dissipatos homines in societatem vitae convocasti, tu eos inter se primo domiciliis, deinde coniugiis, tum litterarum et vocum communione iunxisti, tu inventrix legum, tu magistra morum et disciplinae fuisti; ad te

Allegorie der Grammatik mit Cicero. Holzschnitt aus Gregor Reischs «Margerita philosophica» von 1504. Die Grammatik als Lehrerin schließt den Turm des Wissens auf. Im dritten «Stockwerk» in der Mitte Cicero (Tullius), der Rhetorik und Dichtkunst lehrt

confugimus, a te opem petimus, tibi nos ut antea magna ex parte sic nunc penitus totosque tradimus. Est autem unus dies bene et ex praeceptis tuis actus peccanti immortalitati anteponendus. Cuius igitur potius opibus utamur quam tuis, quae et vitae tranquillitatem largita nobis es et terrorem mortis sustulisti!

Nun folgen die systematischen Beweisgänge, die sich mit den Thesen der Stoiker, Peripatetiker und Epikureer auseinandersetzen. Sie sind aufgelockert durch eine Reihe gegensätzlicher Bilder: der Tyrann, der zwar mächtig, aber nicht glücklich ist – hier steht die berühmte Geschichte vom Damoklesschwert –, und der äußerlich scheiternde Politiker, der sich jedoch nicht schuldig gemacht hat und deshalb glücklicher genannt werden kann als sein siegreicher Gegenspieler, denn es ist besser, Unrecht zu leiden, als Unrecht zu tun, wie es in sokratischer Weise heißt. Die Beweisgänge, die auch die Ergebnisse der voraufgegangenen Bücher aufnehmen, ergeben, daß der Weise in allen Anfechtungen und Nöten des Lebens unverletzlich bleibt und daß folglich die Tugend zur Glückseligkeit ausreicht. Uns mag dieses Ergebnis heutzutage problematisch erscheinen, doch argumentierte ja das Christentum ganz ähnlich, und wir finden noch mehr als 500 Jahre nach Cicero dieselbe Überzeugung bei Boethius, dem «letzten Römer», der kurz vor seinem Tode im Kerker zu Pavia «de consolatione philosophiae» (Vom Trost der Philosophie) schrieb.

Cicero ist als philosophischer Schriftsteller zu verschiedenen Zeiten sehr unterschiedlich eingeschätzt worden. In der Frühzeit des Christentums spielte er die maßgebende Vermittlerrolle zwischen der Antike und der aufstrebenden geistigen Macht der christlichen Denker. Der Anteil ciceronianischer Ethik im Lehr- und Denkgebäude der Kirchenväter läßt sich überhaupt nicht hoch genug veranschlagen. Galt er zu dieser Zeit und in der Folge als ernst zu nehmender philosophischer Denker, mit dem man sich auseinanderzusetzen hatte, so schätzte ihn das 19. Jahrhundert unter dem Einfluß der neu entstandenen Quellenkunde sehr gering ein. Man benutzte seine philosophischen Werke nur als Steinbruch für die Wiedererschließung der hellenistischen Philosophie, maß ihn an Platon und Aristoteles und ließ höchstens seine Sprachkunst gelten. Heute distanziert man sich von dieser zu undifferenzierten Betrachtungsweise und betont vor allem den selbständigen Ansatz seines Philosophierens und dessen Bedeutung für die geistige Entwicklung der Folgezeit. Cicero hat sich, wie bereits erwähnt, keiner der streng dogmatischen Philosophenschulen angeschlossen, sondern folgte der skeptischen Akademie. Diese vertrat die Ansicht, daß die menschlichen Sinneswahrnehmungen keine sichere Erkenntnis zulassen; deshalb müsse man ἐποχή üben, das heißt sein Urteil zurückhalten, keine endgültigen Thesen formulieren. Da niemand im Besitz der ganzen, übernehmbaren Wahrheit ist, ergibt sich daraus einmal die Verpflichtung zur Wahrheitssuche, zur philosophischen Forschung, die von jedem einzelnen immer wieder neu und voraussetzungslos zu leisten ist. Das Gegenbild zu einer solchen Art von Philosophie ist die Haltung derer, die sich auf eine Autorität berufen, vorgefertigte Meinungen übernehmen und sich wie die Pythagoreer damit zufriedengeben: «Der

Meister hat's gesagt!» Dagegen postuliert Cicero die Forderung der Wahrheitssuche für jeden einzelnen, eine kritische Haltung und Verpflichtung, die zugleich auch die Gefahr des Indifferentismus bannt. Zum anderen folgt daraus das Gebot der Toleranz gegenüber allen Andersdenkenden, die sich der Wahrheit auf einem anderen Wege nähern. Cicero formuliert diesen Grundsatz am Ende seiner Schrift *Orator* (*Der Redner*) folgendermaßen: *Da hast du, Brutus, mein Urteil über den Redner. Du wirst dich ihm entweder anschließen, wenn du es billigst, oder bei deinem eigenen bleiben, wenn du ein anderes hast. Darüber werde ich mit dir nicht streiten, und ich werde auch niemals behaupten, meine Ansicht, die ich hier in diesem Buch so nachdrücklich vertreten habe, sei richtiger als die deine. Denn es ist ja einerseits möglich, daß du etwas anderes für richtig hältst als ich, und zum anderen, daß mein eigenes Urteil zu verschiedenen Zeiten anders ausfällt. Und nicht nur bei diesem Gegenstand, der vom Beifall der Menge und vom Wohlgefallen des Ohres abhängig ist – beides sehr lockere Stützen für eine Beurteilung –, sondern selbst bei Fragen von größter Bedeutung habe ich keinen festeren Anhaltspunkt, keine zuverlässigere Richtschnur meines Urteils gefunden als das, was jeweils für mich den höchsten Grad von Wahrscheinlichkeit hat, da die Wahrheit selber im Verborgenen liegt.*[100] Gegen Autoritätsgläubigkeit und rigorose Observanz steht die Freiheit der Persönlichkeit. In diesem humanen Prinzip wurzelt auch Ciceros politische Überzeugung. So verteidigte er zeitlebens die Staatsform, die trotz all ihrer Schwächen die freie Entfaltung des einzelnen innerhalb einer von ihm selbst anerkannten Ordnung nach Möglichkeit gewährleistete und trat jedem Anspruch auf Einschränkung dieser Freiheit entgegen. Diese menschlich-philosophische Haltung, die offen ist für das Neue und keine dogmatische Verhärtung zuläßt, hat eine ungeheuer befruchtende Wirkung auf das Geistesleben der Folgezeit ausgeübt. Es sei nur ein Beispiel angeführt: Kopernikus fand beim Studium der Schriften Ciceros nicht nur sachliche Anregungen, sondern sie gaben ihm auch den Mut, an seinen eigenen Forschungsergebnissen, die im Gegensatz zur herrschenden Lehrmeinung der Wissenschaft und der Kirche standen, festzuhalten und sie offen zu vertreten.

Im Sommer 45 war Caesar siegreich aus Spanien zurückgekehrt, und man legte Cicero nahe, sich wieder nach Rom zu begeben, da ein langes Verweilen auf seinen Gütern leicht als Mißbilligung der caesarischen Politik ausgelegt werden könnte. Ein solcher Argwohn war keineswegs abwegig, denn die Hochstimmung Ciceros, wie er sie anläßlich der Begnadigung des Marcellus geäußert hatte, war inzwischen längst verflogen. Daß Caesar nach dem Sieg über die Pompeius-Söhne und seine eigenen Mitbürger einen Triumph abhielt wie nach einem Sieg über Barbarenvölker, hatte Cicero und viele andere tief getroffen, und bald gab es auch keinen Zweifel mehr, daß Caesar an nichts weniger dachte als daran, die Republik wiederherzustellen. Er schaltete völlig willkürlich mit den althergebrachten Formen und den republikanischen Traditionen. Die Macht lag in den Händen seiner Kabinettsregierung, die beliebige Namen von Senatoren unter ihre Beschlüsse setzte. So mußte es Cicero beispielsweise erleben, daß ihm völlig unbekannte ausländische Fürsten sich mit Dankesbriefen an ihn wandten, weil er ihnen die Königswürde verschafft habe. Als ein Konsul am letzten Tag seines Amtsjahres starb, ließ Caesar flugs ohne gültige Auspizien seinen Legaten als neuen Konsul wählen, der nur bis zum nächsten Morgen im Amt sein sollte. Cicero scherzte darüber: *Wisse also, daß unter dem Konsulat des Caninius niemand gefrühstückt hat. Es ist allerdings auch kein Verbrechen passiert, solange er Konsul war, er legte nämlich eine wundersame Wachsamkeit an den Tag, denn er hat in seinem ganzen Konsulat kein Auge zugemacht.* Aber die Verhöhnung der republikanischen Ordnung, die sich darin aussprach, schmerzte ihn bitter: *Dir kommt das komisch vor, denn du bist ja nicht hier. Wenn du das mit eigenen Augen sehen müßtest, du könntest die Tränen nicht zurückhalten. Was würdest du sagen, wenn ich dir noch alles andere schriebe? Es geschehen nämlich zahllose Dinge dieser Art.*[101] Neben Caesars autokratischer Staatsführung erregte vor allem die Anbahnung eines offiziellen Herrscherkultes starken Anstoß. So sah man bei den Spielen, die er anläßlich seines Triumphes gab, Caesars Bild neben den Götterbildern auf dem Siegeswagen. Eine Statue mit der Aufschrift «Dem unbesiegten Gotte» wurde im Tempel des Quirinus aufgestellt, was Cicero zu dem frommen Wunsch veranlaßte, es möge Caesar ebenso ergehen wie diesem. Quirinus war nach der Sage, die ihn mit Romulus gleichsetzte, von den Senatoren in der Kurie zerrissen worden. Der Wunsch sollte in Erfüllung gehen. Die übertriebenen Ehrungen und Huldigungen, die Caesar entweder selbst veranlaßte oder aber nicht verhinderte, seine immer unverhüllter hervortretenden monarchischen Tendenzen, dazu das Walten seiner Kreaturen, dies alles erregte immer mehr Erbitterung, nicht nur bei Cicero, sondern in weiten Kreisen. Der Widerstand begann sich zu formieren. Auch Caesar konnte dies nicht verborgen bleiben. So berichtet Cicero, der sich als Bittsteller für einen Freund der Pflicht des stundenlangen Antichambrierens unterzogen hatte: *Als ich neulich auf Sestius' Bitten bei ihm war und dasaß und wartete, bis ich vorgelassen wurde, hat Caesar angeblich gesagt: «Da soll ich noch zweifeln, daß ich der bestgehaßte Mann bin, wenn ein Marcus Cicero dasitzt und warten muß und mich nicht sprechen kann, wie es ihm beliebt? Dabei – wenn es einen umgänglichen Menschen gibt, dann ist er's doch. Trotzdem kann ich nicht darüber im Zweifel sein, daß er einen grimmigen Haß auf mich hat.»*[102]

Die Stimmung am Ende des Jahres 45, als sich die Enttäuschung über die ausgebliebene Wiederherstellung der Republik in Ablehnung und Haß wandelte, gibt Ciceros *Rede für den König Deiotarus* (*Pro rege Deiotaro*) wieder. Sie ist die letzte der drei Reden, die er vor Caesar gehalten hat, und sie zeigt, daß Ciceros anfängliche Begeisterung der Ernüchterung gewichen ist. Deiotarus war ein kleinasiatischer Herrscher, Tetrarch (Vierfürst) der Galater, der vom Senat den Königstitel und die ehrenvolle Bezeichnung «Bundesgenosse des römischen Volkes» erhalten hatte. Im Bürgerkrieg hatte er auf Pompeius' Seite gekämpft, und Caesar trug ihm seine Parteinahme nach. Er hatte ihm große Gebietsteile abgenommen und hohe Kontributionen auferlegt. Deiotarus' Schwiegersohn gedachte Caesars feindliche Haltung auszunutzen, um sich in den Besitz des Reiches zu setzen. Er inszenierte eine Anklage, Deiotarus habe Caesar ermorden lassen wollen, und der leibliche Enkel des Königs kam als Hauptbelastungszeuge nach Rom. Cicero hatte in Kilikien Waffenhilfe vom König erhalten und war ihm durch Bande der Gastfreundschaft verbunden. So übernahm er die Verteidigung in dem Verfahren, das nicht auf dem Forum, sondern in Caesars Haus stattfand und bei dem dieser Kläger und Richter in einer Person und in eigener Sache war. Von der Wiederherstellung der Freiheit ist nun keine Rede mehr, und der Lobpreis Caesars ist der Ironie oft gefährlich nahe. Mit unverhüllter Schadenfreude wühlt Cicero in seinem Belastungsmaterial; statt die gefährlichen Punkte zu übergehen, wie es der rhetorischen Praxis entspricht, berichtet er mit boshafter Ausführlichkeit von Caesar-feindlichen Demonstrationen und Redereien in Rom, die sich der König angeblich ganz genau hatte schildern lassen. Die Widerlegung ist doppelzüngig: *Daß eine Statue von dir neben denen der römischen Könige aufgestellt worden sei, habe bei den Leuten ziemlichen Anstoß erregt . . . Wer wird sich über eine Statue aufregen, über eine einzige, da man doch so viele zu sehen bekommt?*[103] Es war leicht, den plumpen Attentatsplan als böswillige Erfindung nachzuweisen, der Fall blieb jedoch ohne Entscheidung, als Gerichtsprozeß war er ohnehin nicht mehr als eine Farce.

Cicero zog sich auf seine Güter zurück, das Leben in Rom war ihm zuwider. Auf Caesar, der nun Diktator auf Lebenszeit war, setzte er keine Hoffnungen mehr. Caesars großes Reformwerk hat er in seinen Briefen nicht gewürdigt; der Grund dafür ist wohl nicht so sehr in mangelndem Verständnis zu suchen – vieles entsprach ja seinen eigenen Vorschlägen, die sich in der Marcellus-Rede vielfach mit denen des Caesarianers Sallust in dessen Sendschreiben an Caesar decken –, die Ursache war vielmehr seine Abneigung gegen die gleichzeitig betriebene Vergottung Caesars und sein Streben nach der Königswürde. Für die Maßnahmen eines *rex* vermochte er keinerlei Begeisterung aufzubringen. Brutus' Nachricht, Caesar wolle sich den *boni*, den Republikanern anschließen (gedacht war wohl an verfassungsmäßige, von Caesar unbeeinflußte Wahlen), entlockte Cicero Atticus gegenüber die sarkastische Bemerkung: *Das wäre eine Freudenbotschaft. Aber wo will er sie denn finden? Er müßte sich denn aufhängen! . . . Was ist denn nun mit deinem Lieblingskunstwerk, das ich in Brutus' Studierzimmer gesehen habe, was ist mit Ahala und Brutus? – Aber was soll er auch machen?*[104] Atticus hatte für Brutus einen Stammbaum seines Geschlechts verfaßt, in dem natürlich Servilius Ahala, der einen Tyrannen getötet, und Lucius Iunius Brutus, der die Königsherrschaft gestürzt hatte, die Hauptrolle spielten. Ein verpflichtender Hinweis an Brutus auf die beiden Zierden seiner Familie findet sich bereits am Ende von Ciceros *Brutus*. Konnte man diesen dort noch ganz allgemein verstehen, so ist hier die Assoziation einer Beförderung Caesars in den Orkus mit Brutus, dem Sproß der Tyrannenmörder, schon recht eindeutig. Man kann von hier aus eine gewisse intellektuelle Mittäterschaft Ciceros an Caesars Ermordung konstatieren. Zumindest hatte er mit seiner steten Mahnung zur Wiederherstellung der Republik und seiner Enttäuschung und unverhohlenen Abneigung gegen den «Tyrannen» Caesar den Boden für die Saat bereitet, die an den Iden des März aufgehen sollte. Mit

Während im Senat in Rom der alte Senator Stradivarius mit seiner wohlklingenden Stimme, die die Menge immer wieder in ihren Bann zieht, von Cäsar Rechenschaft fordert...

Cicero richteten noch viele andere in Rom ihr Augenmerk auf Brutus. Bei Plutarch wird berichtet, man habe am Gerichtssitz des Brutus Zettel verstreut gefunden, auf denen stand: «Du schläfst, Brutus!» oder: «Du bist nicht Brutus!»[105]

In den Attentatsplan war Cicero nicht eingeweiht; man traute ihm nicht genügend Mut und Entschlossenheit zu, und schließlich war er auch schon ein Mann von über sechzig Jahren. Caesar hatte alle Vorbereitungen für einen Krieg gegen die Parther getroffen, der ihn vier Jahre von der Hauptstadt fernhalten und ihm die Herrschaft über die gesamte Oikumene einbringen sollte. Seine Abreise war für den 18. März 44 festgesetzt, und auf den 15. März war die Senatssitzung anberaumt, in der Caesar der Königstitel verliehen werden sollte. Dies zwang die Verschwörer zum Handeln. Für sie stand es fest, daß mit der Beseitigung des Tyrannen die alte res publica sogleich wiederhergestellt und funktionsfähig sein werde. Nach der blutigen Tat hielt

Aureus, Gold, ca. 36 v. Chr. Tempel mit Statue Caesars, Vorform des von Octavian 29 v. Chr. geweihten Baues. Ähnliche Statuen waren bereits zu Lebzeiten Caesars aufgestellt. München, Staatliche Münzsammlung

Süße und Wohllaut der Stimme preist man seit Petrarcas Zeiten im romanischen Sprachraum an Cicero. Aus: «Streit um Asterix» Bd. XV. Dargaud S. A. Paris 1970, dt. Stuttgart 1973

*Vorder- und Rückseite eines Silber-Denars: M. Brutus und die
Freiheitsmütze zwischen zwei Dolchen. Inschrift: Iden des
März. London, British Museum*

Auf diesem Platz, wo sich heute der Tempel des Antonius und der Faustina befindet, wurde Caesars Leiche eingeäschert. Antonius hielt hier seine berühmte Leichenrede

Brutus den Dolch in die Höhe, rief: «Cicero!» und beglückwünschte ihn zu der wiedergewonnenen Freiheit. Cicero galt also offenbar als der Repräsentant der republikanischen Staatsform, und seine Autorität, die auch ein Caesar anerkannt hatte, gab ihm das selbstverständliche Anrecht auf eine führende Rolle. Im ersten Siegesrausch triumphierte er über den Tod des Tyrannen und pries die herrliche Tat der Heroen aufs höchste. Doch die Euphorie war bald verflogen. Es zeigte sich, daß die Tyrannenmörder die Freiheit nicht zu sichern verstanden. Cicero rügte vor allem den kapitalen Fehler, den man mit der Verschonung des Antonius gemacht hatte, und bewies damit die klare Sicht des Realpolitikers im Gegensatz zur Weltfremdheit eines Brutus, der das Modell einer hehren, unanfechtbaren Tat nach griechischem Muster liefern wollte, bei der nur der Tyrann selber fallen sollte. Cicero hatte schon sehr bald das Gefühl, daß dieser Tyrannenmord mehr für die Geschichtsbücher als für die harte Politik taugte. Er schrieb an Cassius: *Ich wollte, du hättest mich an den Iden des März zur Tafel geladen, dann hätte es keine Reste gegeben.*[106] Nun aber hatte man den Thronerben zu beseitigen vergessen und ihm durch ungeschicktes Taktieren noch dazu die Macht in die Hände gespielt. Cicero hatte gleich am Abend des 15. März vorgeschlagen, die Praetoren Brutus und Cassius sollten den Senat einberufen und sich an die Spitze des Staates stellen. Das hätte die entscheidende Wendung bedeuten können. Statt dessen ließ man die Macht in den Händen des Konsuls Antonius, und dieser inszenierte das verhängnisvolle Schauspiel von Caesars Leichenbegängnis und setzte dann die Bestätigung der acta Caesaris durch, seiner letztwilligen Verfügungen aus seinem Testament sowie geplante Maßnahmen, die Antonius freilich nach Belieben änderte und vermehrte. Cicero beklagte sich: *O gute Götter! Die Tyrannis wächst und gedeiht, der Tyrann ist tot! Wir jubeln über seine Ermordung, aber seine Taten lassen wir bestehen!*[107] Schließlich mußte er sich das bittere Eingeständnis machen, daß man mit der Freiheit nicht auch zugleich die freie res publica zurückgewonnen habe. Die Auseinandersetzung mit Antonius war unumgänglich, und Cicero resümierte: *Für mich besteht kein Zweifel, daß es auf einen Krieg hinausläuft. Jene Tat ist zwar mit dem Mut von Männern, aber mit dem Verstand von Kindern vollbracht worden.*[108]

Caesar hatte prophetisch geäußert, es sei weniger in seinem als im Interesse des Staates, daß er am Leben bleibe. Denn der Staat werde, falls ihm etwas zustoße, keine Ruhe haben, sondern von noch schlimmeren Bürgerkriegen heimgesucht werden.[109] Düstere Ahnungen dieser Art beschlichen auch Cicero, der an Atticus schrieb: *Wenn das so weitergeht, wie es den Anschein hat – nimm es mir nicht übel – aber dann machen mir die Iden des März keine Freude mehr. Er wäre doch nie zurückgekehrt* (vom Partherfeldzug), *und wir hätten nicht aus Angst seine Regierungsakte bestätigen müssen. Im übrigen ... stand ich bei ihm – die Götter sollen ihn noch im Tode verderben! – in so hoher Gunst, daß ich in meinem Alter – denn schließlich sind wir ja durch die Ermordung unsres Herrn auch nicht frei geworden – bei einem solchen Herrn ruhig hätte bleiben können. – Ich werde jetzt rot, glaub' mir, aber ich habe es nun schon geschrieben, da will ich's nicht ausstreichen.*[110]

Trotz aller pessimistischen Anwandlungen stürzte sich Cicero mit jugendlicher Vehemenz in den Kampf. Noch einmal – spät und völlig unerwartet – fiel ihm die Rolle des princeps civitatis, des führenden Bürgers im Staate zu, und er gedachte, in neuem Anlauf seine Gedanken zu verwirklichen und die alte res publica auf der Grundlage der concordia omnium zu erneuern. In der Senatssitzung im Tellustempel am 17. März, bei der die Meinungen hart aufeinanderprallten, gelang es Cicero, den Beschluß einer allgemeinen Amnestie nach athenischem Muster durchzusetzen. Statt blutiger Vergeltung sollten Friede und Eintracht herrschen. Diese Amnestie sollte als Grundlage einer politischen Neuordnung dienen; sie wurde jedoch bald wieder erschüttert durch schwere Unruhen in Rom, die von Antonius geschürt wurden. Dieser hatte auch Caesars Veteranen auf die Beine gebracht, die ihrer Zahl und ihrer Schlagkraft wegen einen bedeutenden Machtfaktor darstellten. Brutus und Cassius zogen sich aus Rom zurück, und Cicero folgte ihrem Beispiel. Er reiste auf seine Güter und schickte sich an, seinen Sohn zu besuchen, der in Athen studierte. Solange Antonius als Konsul die Macht ausübte, schien keine positive Entwicklung möglich; es galt, den Amtsantritt der neuen Konsuln Hirtius und Pansa abzuwarten, der am 1. Januar 43 bevorstand. Cicero befand sich bereits auf Sizilien und war im Begriff, nach Griechenland überzusetzen, als ihm gemeldet wurde, Antonius wolle sich mit dem Senat verbünden, eine Sitzung sei für den 1. August anberaumt, auch Brutus und Cassius wollten erscheinen. Voll freudiger Hoffnungen kehrte Cicero um, mußte aber schon unterwegs erfahren, daß Antonius seine feindliche Haltung keineswegs aufgegeben hatte und daß er gerade gegen ihn, Cicero, äußerst aufgebracht sei. Da Freunde ihn vor einem Zusammentreffen mit Antonius warnten, blieb er der Senatssitzung vom 1. September fern. Antonius reagierte darauf mit einem Wutausbruch, er drohte, Ciceros Haus abreißen zu lassen. Damit war die Feindschaft öffentlich erklärt, und Cicero antwortete in der Sitzung am nächsten Tag mit der ersten seiner vierzehn Reden gegen Antonius. Die Bezeichnung *Philippische Reden*, eine Reminiszenz an die Reden des Demosthenes gegen König Philipp von Make-

Aureus, Goldmünze, um 36 v. Chr., M. Antonius. London, British Museum

donien, hatte Cicero zunächst scherzhaft selber gebraucht; Brutus griff sie auf, und seitdem stand der Name fest. Die Feindschaft des Antonius zeigte genau wie das frühere Werben Caesars, daß Cicero eine politische Macht darstellte, auch wenn ihm keine realen Machtmittel zur Verfügung standen. Die beiden Machthaber bewiesen in ihrer Haltung Cicero gegenüber auch ihr unterschiedliches Format: Die Noblesse und Überlegenheit Caesars entsprach Antonius' Wesen nicht; natürlich war auch seine Stellung zu ungefestigt, um sie üben zu können. Dieser Kampf mußte auf Leben und Tod geführt werden, und Cicero war sich darüber nicht im unklaren. Seine *Philippischen Reden* erhalten vor diesem Hintergrund ihr Gewicht und ihre

Bedeutung. Nirgends tritt Ciceros Gestalt so unmittelbar hervor wie hier in seinem letzten Kampf um die res publica, als – wenn auch nur für kurze Zeit – sein Anspruch, Vorkämpfer des Senats und Verteidiger der Republik zu sein, sich erfüllen konnte und sich sein Schicksal dadurch unauflöslich mit ihr verknüpfte. Ein letztes Mal legt Cicero Rechenschaft ab über seine Politik seit seinem Konsulat, erinnert an das Bild des wahren Staatsmannes und der vorbildlichen res publica, wie er es in seinem Werk über den Staat dargestellt hatte, und appelliert an die Machthaber, Antonius und seinen Mitkonsul Dolabella, wie an den gesamten Senat, den Staat verfassungsgemäß zu leiten. Er sieht es nach dem Scheitern dieser Bemühungen als seine Aufgabe an, auf der Grundlage der concordia omnium eine Front gegen Antonius zu bilden. In einer Volksversammlung kann er voller Befriedigung auf das Ergebnis hinweisen. Der beschwörende Ton seiner Feststellungen zeigt freilich, daß diese augenblickliche concordia wie immer ein höchst fragiles Gebilde war und mit Zähigkeit festgehalten werden mußte: *Ich habe als Konsul manche große Volksversammlung abgehalten, an vielen teilgenommen. Niemals aber habe ich eine solch großartige Kundgebung erlebt wie jetzt hier bei euch. Einen einzigen Gedanken habt ihr, nur ein Bemühen, die Angriffe des Marcus Antonius gegen den Staat abzuwehren, die Flammen seiner Wut zu löschen, seine Tollkühnheit zunichte zu machen. Ein und dasselbe Wollen beseelt alle Stände; dasselbe fordern drängend die Landstädte, die Kolonien, ganz Italien. Somit habt ihr durch eure Willenserklärung den Senat, der schon von sich aus fest und entschlossen ist, in seiner Haltung noch bestärkt.*[111] In der zweiten *Philippica*, die nicht als Rede gehalten, sondern als politische Streitschrift veröffentlicht wurde, wendet sich Cicero zum Schluß an Antonius in einem eindringlichen, sprachlich kunstvoll geformten Appell voller Leidenschaft und Würde zugleich: *Respice, quaeso, aliquando rem publicam, M. Antoni, a quibus ortus sis, non quibuscum vivas, considera; mecum, ut voles, redi cum re publica in gratiam. Sed de te tu videris, ego de me ipse profitebor. Defendi rem publicam adulescens, non deseram senex; contempsi Catilinae gladios, non pertimescam tuos. Quin etiam corpus libenter obtulerim, si repraesentari morte mea libertas civitatis potest, ut aliquando dolor populi Romani pariat, quod iam diu parturit! Etenim, si abhinc annos prope viginti hoc ipso in templo negavi posse mortem immaturam esse consulari, quanto verius nunc negabo seni? Mihi vero, patres conscripti, iam etiam optanda mors est, perfuncto rebus eis, quas adeptus sum quasque gessi. Duo modo haec opto, unum, ut moriens populum Romanum liberum relinquam – hoc mihi maius ab dis immortalibus dari nihil potest – alterum, ut ita cuique eveniat, ut de re publica quisque mereatur.*

Nimm doch endlich, ich bitte dich, einmal Rücksicht auf den Staat, Marcus Antonius! Bedenke, woher du stammst, nicht mit wem du Umgang hast; mit mir verfahre, wie du willst, aber versöhne dich mit dem Staat! Doch was dich betrifft, da mußt du selber zusehen; was aber mich angeht, so will ich dir offen sagen: Ich habe den Staat als junger Mann verteidigt, ich werde ihn als alter Mann nicht im Stiche lassen. Ich habe die Schwerter Catilinas verachtet, ich werde auch deine nicht fürchten. Ja, ich würde mein Leben gerne dahingeben, wenn durch meinen Tod die Freiheit des Staates gesichert wäre, so daß das römische Volk in seiner schmerzlichen Erbitterung endlich das schafft, womit es schon so lange umgeht. Wenn ich schon vor fast zwanzig Jahren in diesem Tempel hier gesagt habe, für einen Mann, der Konsul gewesen sei, komme der Tod nie zu früh – mit wieviel mehr Berechtigung sage ich heute: für einen Greis erst recht nicht! Mir kommt der Tod geradezu erwünscht, Senatoren, nachdem ich alle meine Pläne und Aufgaben erfüllt habe. Zwei Dinge wünsche ich nur: Einmal, daß ich bei meinem Tode das römische Volk in Freiheit zurücklasse – ein größeres Geschenk könnten mir die unsterblichen Götter nicht gewähren – und zum anderen, daß es jedem zuletzt so ergehe, wie er es um den Staat verdient hat![112]

Inzwischen hatte sich die politische Szene entscheidend verwandelt, und Cicero sah ein, daß man nicht bis zum 1. Januar untätig bleiben könne. Antonius hatte Truppen geworben und marschierte in die Provinz Gallia citerior (Oberitalien) ein, die rechtmäßig verwaltet wurde von Decimus

Sesterz, Messing, um 36 v. Chr., Octavius. London, British Museum

Cicero. Aus dem Chorgestühl des Ulmer Münsters, von Jörg Syrlin d. Ä., 1469–1474

Albinus Brutus, einem der Caesar-Mörder. Daß Gallia citerior eine Schlüsselstellung im gesamten Imperium einnahm, hatte Antonius von Caesar gelernt, und er plante die Übernahme der Provinz auf fünf Jahre. Zugleich war eine neue Figur auf der politischen Bühne erschienen, über deren Bedeutung sich freilich noch keiner der Zeitgenossen im klaren sein konnte: der erst achtzehnjährige Großneffe und Adoptivsohn Caesars, Gaius Caesar Octavianus. Dieser hatte mit einer für sein Alter kaum glaublichen Energie und Kaltblütigkeit begonnen, in das Kräftespiel einzugreifen. Nach ersten Annäherungsversuchen an Antonius wurde ihm klar, daß für zwei Thronprätendenten auf die Dauer kein Platz war, und so sah er es vorderhand als das

Günstigste an, sich dem Senat zu nähern. Er wandte sich an Cicero und bat ihn auf die schmeichelhafteste Weise um seinen Rat und Beistand. Cicero zweifelte, ob ihm zu trauen sei, befürwortete aber seinen Plan, mit den zu ihm übergetretenen Veteranenlegionen auf Rom zu marschieren. Offenbar war Octavius gewillt, sich mit den Caesar-Mördern gutzustellen und den Kampf gegen Antonius aufzunehmen. So sah Cicero seine Aufgabe darin, ihn in die Front gegen Antonius einzugliedern und seine militärische Macht als Unterstützung für die Sache des Senats zu sichern. Daher beantragte er in seiner *3. Philippischen Rede* am 20. Dezember, die eigenmächtigen Truppenaushebungen des Decimus Brutus in Gallien ebenso wie die des Gaius Caesar Octavianus durch Senatsbeschluß zu legitimieren. Octavius, der ja kein öffentliches Amt bekleidete, solle eine offizielle Vollmacht erhalten, damit er fortan im Auftrag des Staates handle. Cicero hatte im Laufe seines Lebens die schmerzliche Lektion gelernt, daß es nicht genügte, die «bessere Sache» zu vertreten, sondern daß es dabei auf militärische Stärke ankam. Von dieser Einsicht her wollte er es erreichen, daß seine Forderungen auch durch reale Macht gedeckt waren und dadurch Durchschlagskraft erhielten. Daher verfocht er, sonst der Mann des Friedens und des Ausgleichs, nun die Überzeugung, der Krieg sei unvermeidlich. Er beantragte, Antonius wegen seines widerrechtlichen Eindringens in Gallien zum hostis, zum Staatsfeind zu erklären, schon um den Soldaten einen Übertritt zu Decimus Brutus auf rechtlicher Grundlage nahezulegen. Der mitreißende Elan der *3. Philippica* wirkte jedoch nicht auf die Dauer; man scheute zurück vor den Leiden eines erneuten Bürgerkriegs. Antonius hatte inzwischen Decimus Brutus angegriffen, den er in Mutina (Modena) belagerte, und der junge Caesar setzte seine Truppen nach Gallien in Marsch. Damit hatte der Krieg praktisch schon begonnen, doch beantragten Freunde des Antonius im Senat, diesen durch eine Gesandtschaft zur Einstellung der militärischen Aktionen aufzufordern. Dagegen wandte sich Cicero in der *5. Philippica*: keine Verhandlungen mit einem Staatsfeind, sofortige Erklärung des Kriegszustandes, Belohnung der von Antonius abgefallenen Soldaten und die Verleihung des propraetorischen Ranges und Imperiums an Octavius. Offenbar bestanden dagegen starke Bedenken bei den Senatoren, denn Cicero hielt es für notwendig, die lauteren Absichten des jungen Mannes zu bekräftigen und sich feierlich für sein politisches Wohlverhalten zu verbürgen. Der Senat beschloß dennoch, eine Gesandtschaft zu entsenden und Antonius zur Räumung von Gallien aufzufordern. In einer Volksversammlung sprach Cicero zur Lage und sagte in seiner *6. Philippica* als sicher voraus, daß sich Antonius dem Ultimatum des Senats nicht fügen werde. Dies trat auch ein, und endlich marschierte der Konsul Hirtius nach Mutina ab. Im Osten hatte sich die Lage günstig gestaltet, Brutus und Cassius hatten eine ansehnliche Truppenmacht gesammelt und standen zur Verfügung des Senats. Cicero setzte sich in seiner *11. Philippica* dafür ein, ihnen das offizielle Kommando für den Krieg im Osten gegen Dolabella und Antonius' Bruder Gaius zu übertragen. Dolabella hatte den Prokonsul von Asia, Trebonius, auf grausame Weise ermordet und besetzte seine Provinz. Der Senat hatte formale Bedenken, er wollte lieber,

Januskopf, älteste römische Münze, nach 235 v. Chr. London, British Museum

wie es dem Herkommen entsprach, die Konsuln damit beauftragen, obwohl diese im Kampf gegen Antonius in Gallien benötigt wurden, während Brutus und Cassius im Osten bereitstanden. Cicero bewies, daß er, dem gewöhnlich die mores maiorum, Sitte und Herkommen, über alles gingen, sich durchaus nicht blind an sie klammerte. Wie schon bei der nachträglichen Legitimierung der Aktionen des Decimus Brutus und Octavius stellte er die Erfordernisse des Augenblicks allen anderen Überlegungen voran: *Bei einer solchen Verkehrung und Verwirrung aller Verhältnisse fordert es die Notwendigkeit, der Situation mehr Rechnung zu tragen als dem Herkommen. Es ist ja auch nicht das erste Mal, daß Brutus und Cassius die Rettung und Befreiung des Vaterlandes als das heiligste Gesetz . . . angesehen haben . . . Nach welchem Gesetz, mit welchem Recht? Nach dem Recht, das Jupiter selbst sanktioniert hat, daß nämlich alles, was zum Heil des Staates geschieht, als recht- und gesetzmäßig zu gelten habe. Ein Gesetz ist ja nichts anderes, als*

Cicero. Florenz, Uffizien

ein richtiger, aus göttlichem Gebot hergeleiteter Verhaltensmaßstab, der das Ehrenhafte gebietet und das Gegenteil verbietet.[113]

Wie bedenklich solche Parolen waren, konnte ihm, dem philosophischen Denker, nicht verborgen bleiben. Die von des Gedankens Blässe angekränkelten Caesar-Mörder auf der einen und der rücksichtslos alles aufbietende Antonius auf der anderen Seite zeigten ihm jedoch nur zu klar, daß es nicht an der Zeit war, philosophische Erörterungen über das Für und Wider jedes einzelnen Schrittes anzustellen. Eine realistische Einschätzung der Lage und ein entschlossenes Vorgehen waren geboten. Darum war Cicero nun bemüht, und so durchschnitt er auch rigoros jedes Band, das ihn noch mit seinem ehemaligen Schwiegersohn und politischen Freund Dolabella verband, um diesen wegen seiner grausamen Tat zum Staatsfeind erklären zu lassen und zum Krieg gegen ihn aufzurufen. Gegen unberufene Friedensstifter wandte er sich in der 12. und 13. *Philippica*. Darin versuchte er auch, den Prokonsul von Gallia Narbonensis (das Gebiet um das Rhône-Delta), Marcus Lepidus, mit seiner oft geübten Methode verpflichtender Lobsprüche bei der Stange zu halten. Lepidus schien unter der Maske des Friedensstifters einen Anschluß an Antonius zu suchen, und dieser Gefahr galt es unter allen Umständen zu begegnen. Inzwischen war auch der Konsul Pansa nach Gallien marschiert, und am 20. April gelangte die Kunde von einem ersten siegreichen Treffen nach Rom. Eine große Volksmenge versammelte sich vor Ciceros Haus und geleitete ihn im Triumphzug auf das Kapitol.

Seit beide Konsuln die Stadt verlassen hatten, war Cicero unbestritten der einflußreichste Mann in Rom. Senat und Volk von Rom hatten ihn mit der höchsten Autorität ausgestattet, die ein freies Gemeinwesen überhaupt an einen einzelnen zu vergeben hat, so umschrieb Brutus Ciceros Stellung in diesen Tagen. Antonius konnte deshalb das Gerücht ausstreuen, Cicero wolle sich zum Diktator ausrufen lassen, eine Unterstellung, die freilich wenig Glauben fand. Doch schienen sich die Mitglieder des Senats seiner Führung nicht so freudig und bedenkenlos unterzuordnen wie das Volk. Die 14. *Philippica* am 21. April zeigt die Schwierigkeiten, die Cicero hatte, um den Senat auf seinem Kurs zu halten. Er suchte ihn davon zu überzeugen, daß erst mit der Befreiung des Decimus Brutus aus der Zernierung durch Antonius ein vollständiger Erfolg errungen sei; vorher dürfe man nicht daran denken, das Kriegsgewand abzulegen. Gleichzeitig beklagte er sich über die Mißgunst gewisser Kreise der Nobilität. Dieser Mißgunst hatte er sich zeit seines Lebens ausgesetzt gesehen, sie richtete sich gegen den homo novus, und er reagierte wie stets empfindlich und gereizt und setzte sich mit Selbstlob und Selbstrechtfertigung dagegen zur Wehr. Er mahnte die Betreffenden, sie sollten *die Tüchtigkeit hervorragender Mitbürger als einen Anreiz zur Nachahmung, nicht als Anlaß zur Mißgunst ansehen. Der Staat bietet ein weites Betätigungsfeld . . . vielen steht der Weg zum Ruhm offen . . . Wie schmerzlich wird es mir, zu sehen, wie bei dem gegenwärtigen großen Mangel an entschlossenen und tapferen Konsularen die einen nicht staatstreu gesinnt sind, die anderen sich um gar nichts kümmern, wieder andere nicht entschlossen ihren Kurs steuern und ihre Stellungnahme nicht stets vom Nut-*

zen für den Staat, sondern bald von Hoffnung, bald von Furcht bestimmen lassen! [114] Starke Spannungen gab es auch zwischen ihm und Marcus Brutus. Dieser mißtraute Octavius in höchstem Maße und machte Cicero schwere Vorwürfe, ihn mit Ehren überhäuft und ihm zu einer einflußreichen amtlichen Position verholfen zu haben, wodurch er erst richtig gefährlich geworden sei. Brutus tadelte Cicero hart: «Du schätzt die paar Jährchen, die dir das Leben noch gönnt, ja sehr hoch ein, wenn du deshalb vor diesem Knaben auf den Knien rutschen willst.» Und er wirft Cicero in einem Brief an Atticus allen Ernstes vor, nur den Herrn wechseln zu wollen: «Man muß sich wirklich fragen, ob das, was er tut, mehr aus Angst vor der Gewaltherrschaft oder nicht etwa nur aus Angst vor dem Gewaltherrscher Antonius geschieht.» [115] Cicero konnte diese Vorwürfe voller Überzeugung zurückweisen: Er war durchaus nicht blind gegenüber dem Risiko eines Paktierens mit Octavius, auch er hatte große Bedenken, und seine Bürgschaftserklärung für den jungen Mann lag ihm schwer auf der Seele. Aber in dem Augenblick, da gehandelt werden mußte, hatte er den einzigen Weg beschritten, der eine Chance zur Rettung der res publica bot. Er war ein hohes Risiko eingegangen – aber hatte es eine andere Möglichkeit gegeben? Und nur mühsam verhehlt er in seinem Rechtfertigungsbrief die Erbitterung gegen Brutus, der doch schließlich der Urheber des Ganzen war: Er hatte Antonius an den Iden des März verschont und dann Italien preisgegeben: *Du wichest aus, Brutus, wichest aus, denn der Weise flieht ja nicht, so sagen's unsere Stoiker* [116], heißt es voll bitteren Spottes auf die Philosophenattitüde des Brutus, der noch mitten im Krieg Schonung an den Antoniern übte, nur um seinen philosophischen Grundsätzen nicht untreu zu werden, wenn auch der Staat darüber zugrunde zu gehen drohte. Und jetzt zögerte er, zurückzukehren und mit seinen Heeren ein wirksames Gegengewicht zu Antonius, dem verdächtigen Lepidus und den beargwöhnten Octavius zu bilden. Trotz dringender Hilferufe Ciceros kam er nicht, und dieser mühte sich im Hexenkessel Roms verzweifelt ab, alle bei der Stange zu halten und das Schlimmste zu verhüten. Er hatte für seine Person alle Philosophenbedenklichkeit über Bord geworfen und nahm es angesichts der harten Wirklichkeit auch in Kauf, manches zu tun, was man als Flecken auf der Weste eines in Ehren ergrauten Konsulars ansehen konnte. Dazu gehörte eben vor allem das Paktieren mit Octavius, den Brutus und andere verächtlich «den Knaben» oder «deinen Caesar» nannten. Daß Brutus, der sich gewissermaßen selbst nicht die Hände schmutzig machen wollte, ihn deswegen aus sicherer Entfernung abkanzelte und ihm gar Ehrgeiz und Schmeichelsucht unterstellte, mußte Cicero verdrießen. Es war ihm selber klar genug, daß seine eigene Politik die Gefahr des Scheiterns in sich barg; daß aber Brutus' Scheinsicherheit und sein mangelnder politischer Instinkt ihn ohne die Möglichkeit einer Wendung zum Besseren geradewegs ins Unglück stürzen würde, daran gab es für Cicero keinen Zweifel. Daher warnte er Brutus eindringlich: *Ich kann deiner Milde keinen Beifall zollen, heilsame Strenge bringt mehr Erfolg als Milde, die nur eine leere Geste ist. Wenn wir milde sein wollen, dann hören die Bürgerkriege niemals mehr auf. Aber das wird deine Sache sein, von mir kann ich dasselbe*

Didrachme, Silber. Nach 235 v. Chr. Sog. Quadrigatus. Jupiter mit der Siegesgöttin auf der Quadriga. London, British Museum

sagen wie der Vater im «Trinummus» des Plautus:

> «Mit meinem Leben ist's schon fast vorbei, du bist's, um den es dabei geht!»

Ihr werdet unterliegen, glaub mir das, Brutus, wenn ihr keine Vorsorge trefft! Denn Volk, Senat und Führer des Senats werden nicht immer in derselben Gesinnung hinter euch stehen. Das kannst du als Orakel des pythischen Apoll betrachten, es ist todsicher die Wahrheit.[117]

Die gefahrvolle Lage besserte sich auch nicht, als die Nachricht vom Sieg bei Mutina und der Befreiung des Decimus Brutus eintraf. Die Schlacht kostete die beiden Konsuln Hirtius und Pansa das Leben, und eine nur zögernd aufgenommene Verfolgung gab Antonius Gelegenheit, sich schnell wieder zu erholen und die Verbindung zu Lepidus fester zu knüpfen. Octavius verweigerte Decimus Brutus die militärische Unterstützung, er war verärgert, daß man ihm nicht das Oberkommando übertragen hatte, und es gab erste Zeichen für seine Annäherung an den Gegner. Cicero bemühte sich, die Ansprüche Octavius soweit wie möglich zu befriedigen, wobei ihm der Senat allerdings oft die Gefolgschaft verweigerte, und dies nicht so sehr aus politischem Weitblick als vielmehr aus Geringschätzung gegenüber dem «Knaben», der ja noch nicht einmal die unterste Sprosse der Ämterlaufbahn erreicht hatte. Um niemanden zu brüskieren, verzichtete Cicero, der Ehr- und Ruhmbegierige, auf eine Wahl zum Konsul. Da kam es ihm sehr ungelegen, daß die Kunde von seinem angeblichen Bonmot umging, man müsse den jungen Mann loben, auszeichnen und «befördern». Vor solcher «Beförderung» werde er sich zu hüten wissen, hatte Octavius daraufhin bemerkt. Mochte das Wort nun wirklich von Cicero stammen oder nicht, jedenfalls trug es noch mehr zur Abkühlung der Beziehungen bei. Am 29. Mai vereinigte Lepidus seine Heere mit denen des Antonius. Octavius forderte als Preis für seine Hilfe gegen beide das Konsulat, und als der Senat ablehnte, marschierte er auf Rom. Cicero hatte seine Forderung nicht unterstützt, er hatte vielmehr die ovatio, eine mindere Form des Triumphs, für ihn beantragt. Im Anschluß daran wurde nach römischer Sitte der Imperator automatisch wieder zum Privatmann; es wäre eine ehrenvolle Art der «Beförderung» gewesen, und Cicero bezeichnete es als den klügsten Gedanken, den er während der ganzen Zeit gehabt habe. Aber der Senat hatte sich seinem Antrag nicht angeschlossen.

Nun war Octavius' Vormarsch nicht mehr aufzuhalten. Unter dem Zwang seiner Truppen wurden er und sein Freund und Verwandter Quintus Pedius am 19. August 43 zu Konsuln gewählt. Ciceros Politik war gescheitert; wieder, wie im Falle Caesars, hatte die größere militärische Macht gesiegt. Die Truppen hatten den Ausschlag gegeben, und im folgenden wiederholte sich die militärische Konstellation zwischen Pompeius und Caesar in fataler Weise nun bei den Caesar-Mördern und ihren Gegnern Antonius und Octavius, bis hin zur Schlacht von Philippi, die ein zweites Pharsalos wurde. Ob alles anders verlaufen wäre, wenn der Senat Octavius gegenüber in Ciceros Sinne von Anfang an großzügiger verfahren wäre oder ob dies den Ablauf der Geschehnisse nur verzögert hätte, läßt sich nicht mit Bestimmtheit sagen, und deshalb kann man auch kein endgültiges Urteil über die Richtigkeit von Ciceros Politik abgeben. Er hatte alles auf eine Karte gesetzt und verloren, aber daß er überhaupt den Versuch unternommen hatte, eine Alternative zur Caesar-Nachfolge des Antonius zu schaffen und damit einen Versuch, die Republik zu retten, bleibt sein Verdienst. Die Aufgabe, die ihm gestellt war, nämlich die im Grunde unpolitische Tat des Brutus und Cassius in die politische Wirklichkeit umzusetzen und ihr den gewünschten Erfolg abzuringen, war von ihm allein nicht zu lösen. So trifft die Schuld an seinem Scheitern auch nicht ihn allein, sondern mit ihm diejenigen, die allzu leicht

Raum in der sogenannten Villa Ciceros in Formia

bereit waren, sich mit der Tyrannenmörderpose zufriedenzugeben und zu wenig Wert auf praktische Politik und militärischen Einsatz legten.

Über die letzten dreieinhalb Monate seines Lebens liegen uns keine eigenen Äußerungen Ciceros mehr vor, auch nur spärliches Quellenmaterial. Seine Korrespondenz endet im Juli 43 mit den Briefen an Decimus und Marcus Brutus. Offenbar versuchte er, seinen Frieden mit Octavius zu machen und lebte teils in Rom, teils auf seinen Gütern. Möglicherweise bereitete er die Herausgabe seiner letzten Schrift vor, *de officiis* (*Vom pflichtgemäßen Handeln*). Begonnen hatte er das Werk mitten in der hitzigen Kampagne gegen Antonius, es war seinem in Athen studierenden Sohn Marcus gewidmet und behandelte in der Form eines Lehrvortrags systematisch die gesamte Ethik. Es schloß sich an die Lehren des Stoikers Panaitios an und stellte ein Erziehungsprogramm für die römische Gesellschaft dar. Eines seiner Anliegen war es, die Zeitgenossen auf die Verderblichkeit ungezügelten Machtstrebens hinzuweisen: Das Caesar-Erlebnis wirkte sehr stark nach. Sein Tod wird als die gerechte und unausweichliche Strafe für denjenigen angesehen, der sich außerhalb der Gemeinschaft stellt und diese durch seine egoistischen Triebe zerstört. Auch in diesem letzten Werk wird wieder das Bild des wahren Politikers beschworen: Dieser soll sich ausschließlich am Nutzen seiner Mitbürger orientieren und nicht an seinem eigenen Vorteil. Wie ein Vormund soll er seine Tätigkeit ausüben, den Staat nicht als Besitz

133

und Beute, sondern als Aufgabe betrachten und Gerechtigkeit und Sittlichkeit zur Richtschnur seines Handelns machen. Wer dies außer acht läßt, stürzt den Staat in Aufruhr und Bürgerkrieg. Vor dem Hintergrund des in den letzten anderthalb Jahrzehnten durchlebten Unglücks erhalten die Mahnungen ihre besondere Eindringlichkeit, und es wird auch deutlich, wie sich das Werk über den persönlichen Adressaten Cicero iunior hinaus an alle Römer richtet. *De officiis* hat eine sehr große Wirkung auf die Nachwelt gehabt. Ciceros unbedingter Primat des sittlichen Handelns, das sich über alle Nützlichkeitserwägungen erhebt, und seine Betonung der sozialen Integrierung des Individuums machten das Werk zu einem allgemeingültigen ethischen Kompendium. Die Kirchenväter – wie zum Beispiel Ambrosius in seiner Abhandlung «de officiis ministrorum» (Geistliche Pflichtenlehre) – haben sich beim Aufbau des christlichen Moral- und Wertesystems an *de officiis* orientiert, und noch für Friedrich den Großen, Voltaire und Kant galt es als das nützlichste Handbuch der Moral. Erschienen ist die Schrift erst nach Ciceros Tod. Der treue Tiro gab sie aus dem Nachlaß heraus. Dieser war ein Freigelassener, der Sekretär und Lektor Ciceros, mit dem ihn eine herzliche Freundschaft verband. Tiro hat auch eine Lebensbeschreibung Ciceros verfaßt, die von späteren Schriftstellern viel benutzt wurde und leider verloren ist.

Octavius hatte inzwischen einen Sondergerichtshof eingerichtet, um alle an der Ermordung Caesars Beteiligten zu Verbannung und Einziehung des Vermögens zu verurteilen. Cicero war nicht unter ihnen. So mochte er hoffen, weiterhin den Schutz des Mannes zu genießen, der ihn einmal «Vater» genannt hatte. Doch Ende Oktober traf Octavius mit Antonius und Lepidus bei Bononia (Bologna) zusammen und schloß mit ihnen das zweite Triumvirat. Ihre Machtübernahme begannen die Triumvirn wie seinerzeit Sulla mit Proskriptionen. Antonius beharrte darauf, daß an der Spitze der Schwarzen Liste der Name Ciceros stehen müsse. Es heißt, Octavius habe sich drei Tage lang dagegen gesträubt, dann habe er nachgeben müssen. Als die Menschenjagd in Rom begann, eilte Cicero auf sein Gut bei Astura, um von dort aus übers Meer zu Brutus zu entkommen. Sein Bruder Quintus und dessen Sohn hatten sich mit ihm gemeinsam auf die Flucht begeben, trennten sich aber auf dem Weg von ihm, um Reisegeld aufzutreiben. Sie wurden unterwegs von den Häschern ergriffen und niedergemacht. Cicero floh zur Küste, kehrte dann wieder um und wollte nach Rom zurück. Plutarch unterstellt ihm die heroische Geste, er habe sich am Herde des Octavius den Tod geben wollen, um die Rachegottheit gegen ihn aufzurufen. Doch ein solch theatralischer Selbstmord mochte den starren, einseitigen Naturen eines Cato und Brutus angemessen sein: für die reflektorische und höchst differenzierte Wesensart Ciceros wäre ein derartiger Akt zu einer sinnentleerten Pose geworden. Zudem teilte er wohl die von ihm mehrfach zitierte platonische Auffassung, daß der Mensch in seinem Leben von den Göttern gleichsam auf einen Wachposten berufen sei, den er nicht aus eigenem Antrieb verlassen dürfe, bevor die Götter ihn abberiefen, wie dies Sokrates im «Phaidon» formuliert. Auf halbem Wege kehrte er abermals um und übernachtete auf seinem Landgut bei Formiae. Am nächsten Morgen kamen die Mörder. Es

Augustus mit der Bürgerkrone, 1. Hälfte 1. Jahrh. n. Chr. München, Staatliche Antikensammlungen und Glyptothek

war der 7. Dezember 43, gerade 20 Jahre seit den Tagen, da Cicero die Catilinarier zu Fall gebracht hatte und vom Volk als pater patriae im Triumph nach Hause geleitet worden war. Seine Sklaven drängten ihn zum Aufbruch und trugen ihn in einer Sänfte zum Meer. Als die Schergen herankamen, wollten seine Leute Widerstand leisten. Cicero untersagte es ihnen, er beugte sich aus der Sänfte und empfing den Todesstreich. Der Anführer des Kommandos hieb ihm das Haupt und die Hand ab, mit der er die *Philippischen Reden* geschrieben hatte, und brachte beides befehlsgemäß zu Antonius. Dieser ließ Kopf und Hand auf der Rednerbühne aufstecken, «ein gräßlicher Anblick für die Römer, die eher ein Abbild von Antonius' Seele als das Antlitz Ciceros zu erblicken glaubten»[118].

Octavius mochte diesen Akt der Grausamkeit und die Ermordung selbst bedauern, falls er überhaupt fähig war, solche Regungen zu verspüren. Jedenfalls ernannte er nach der Schlacht von Actium, als er Antonius besiegt hatte und zum Alleinherrscher geworden war, im Jahre 30 v. Chr. Ciceros Sohn zum Konsul und Pontifex, obwohl dieser noch kein Staatsamt innegehabt hatte und außer dem Namen seines Vaters keinerlei Vorzüge aufzuweisen hatte. Ihm fiel so die Aufgabe zu, das Edikt mit der Damnatio memoriae des Antonius, das sein Andenken auf alle Zeit ächtete, an der Rednerbühne

Sog. Grab des Cicero zwischen Formiae und Gaeta

anzuschlagen, dort, wo Antonius einst den Kopf seines Vaters aufgesteckt hatte.

Octavius, dem späteren Kaiser Augustus, verdanken wir auch eine Würdigung Ciceros, die es in ihrer Verhaltenheit und Knappheit verdient, zitiert zu werden. Plutarch berichtet: «Wie ich erfahren habe, kam Caesar Augustus viele Jahre später einmal zu einem seiner Enkel ins Zimmer. Dieser hatte gerade eine Schrift Ciceros in der Hand und versteckte sie erschrocken in der Toga. Augustus bemerkte dies, ließ sich das Buch geben und las im Stehen lange Zeit darin. Dann gab er es dem jungen Mann zurück und sagte: ‹Er war ein Meister des Wortes, mein Kind, ein Meister des Wortes und ein wahrer Freund seines Vaterlandes.›» [119] Die kleine Geschichte deutet an, daß der altgewordene Princeps, dem das Bewahren des Staates am Herzen lag, seinem ehemaligen politischen Mentor keineswegs fern stand, ja, daß er ihn möglicherweise besser verstand als in der Zeit seines gewaltsamen Aufstiegs. Im «Monumentum Ancyranum», dem politischen Rechenschaftsbericht seiner späten Jahre, weisen wörtliche Anklänge auf die *Philippischen Reden* Ciceros zurück, und manche von Augustus' Maßnahmen und Aussprüchen lassen erkennen, daß Cicero in vielem die augusteische Epoche vorbereitet hat.

Anmerkungen

Die Zitate sind von der Autorin für diese Monographie eigens übersetzt worden.

1 *In Verrem* II 5, 180
2 *de leg*(ibus) II 3
3 Ilias VI, 208: *ad Quint*(um fratrem) III 5, 4
4 Epistulae II 1, 156f (nach Horaz, Werke, ed. H. Färber, München 1960)
5 *In Verrem* II 4, 81
6 Nach Plut(arch) Cato 27
7 *de inventione* I 2, 2
8 *Pro Roscio Amerino* 154
9 Plut Cic 3 ; *Cic Brut*(us) 313 f
10 *Brut* 316
11 *de div*(inatione) II 1 ; *Acad*(emici libri) II 8
12 *Or*(ator) 11
13 Plut Cic 4, 7
14 *Tusc*(ulanae disputationes) V 64 f
15 *Pro Plancio* 64 f
16 *Brut* 321
17 *Pro Cluentio* 157
18 *Divinatio in Caecilium* 70
19 *In Verrem* I 2 f
20 *Verr* I 15
21 *Brut* 322
22 *Pro lege Manilia* 44
23 *Pro lege Manilia* 70 f
24 *Ad Att*(icum) I 8
25 *Comm*(entariolus) pet(itionis) 2
26 Sallust, Coniuratio Catilinae 23
27 *In Cat*(ilinam) IV 1, 4
28 Sallust, Coniur. Cat. 52
29 *Cat* IV 18, 19, 15
30 Eine Ausnahme bildet Büchner, Cicero 147: «Die Erhaltung des römischen Staates war keine Frage der Staatsform, sondern der Moral.» Vgl. auch Vogt, Ciceros Glaube an Rom 49: «Cicero hat die Dauerkrisis der Republik in ihrer vollen Schwere in sein Bewußtsein aufgenommen.»
31 *Pro Sulla* 27
32 Sueton Caesar 19
33 *Epistulae ad familiares* = *fam* V 7, 3 (die Briefe nach der Zählung von Kasten, Tusculumausg., in Klammern die abweichende der Sjögren-Teubnerausg.)
34 *Att* I 18, 3, 6
35 *Att* I 20, 2 ; II 1, 6
36 *Att* II 3, 3 ; der Vers Ilias XII, 243
37 *Att* XII 50 (46), 2
38 *fam* XIV 1 (4), 3
39 *fam* XIV 4 (3), 1
40 *Pro Sestio* = *Sest* 131
41 *Att* IV 1, 3
42 *Sest* 97–100
43 *Sest* 106
44 *Sest* 36
45 *Quint* III 4, 1
46 *fam* I 8 (7), 10
47 *Att* IV 2, 5
48 *Att* 6 (5), 2 f
49 *Att* IV 7 (6), 2
50 *fam* I 10 (9), 10, 12
51 *Quint* III 5, 4
52 *Quint* II 13, 1
53 *de div* II 1, 4, 6
54 *fam* I 10 (9), 23
55 *de or*(atore) III 61
56 *de or* III 74, 80
57 *de or* III 122
58 *Quint* III 5, 1
59 *de re p*(ublica) VI 13
60 *de re p* VI 12
61 z. B. *ad Brut*(um) 1, 2 ; *Mil* 73 ; *de div* II 3 ; *fam* XII 23 (24), 2
62 *de re p* V 8
63 *de leg* I 17
64 Dio Cassius XL, 54, 2
65 *Pro Milone* = *Mil* 80 ; 73 ; 83
66 *Quint* III 7, 1 f
67 *fam* VII 1, 3
68 *fam* VIII 1, 4
69 *Quint* I 1, 9, 31

70 *Att* VI 2, 8, 9
71 *fam* III 8 (7), 5
72 *fam* II 12 (11), 2
73 *Att* V 20, 6
74 «Bellum civile» III 57, 4
75 *Att* VII 11, 1
76 *Att* VIII 8, 1
77 *Att* VIII 7, 2
78 *Att* VIII 11, 2
79 *Att* IX 7 (4), 2
80 *Att* II 1, 8
81 *Att* IX 19 (16), 2
82 *Att* IX 21 (18), 1, 2, 3
83 *Brut* 11; 22; 330
84 *Brut* 45; Tacitus Dialogus 40
85 *fam* IX 3 (2), 5
86 *fam* IV 3 (4), 3 f
87 *Pro Marcello* = *Marc* 27
88 *de re p* VI 12
89 Sueton Caesar 77
90 *Marc* 32
91 Plut Cato Minor 65
92 Plut Cic 39, 6
93 *Pro Ligario* = *Lig* 18
94 Plut Cic 39, 7

95 *fam* IV 5, 4 f
96 zit. b. Augustinus de trinitate 14, 9
97 Confessiones III 4, 7
98 *de nat*(ura deorum) I 8
99 *Tusc* V 1 f
100 *Or* 237
101 *fam* VII 30, 1 f
102 *Att* XIV 1, 2
103 *Pro rege Deiotaro* 34
104 *Att* XIII 49 (40), 1
105 Plut Caes 62
106 *fam* XII 4, 1
107 *Att* XIV 9, 2
108 *Att* XIV 21, 3
109 Sueton Caes 86
110 *Att* XV 6 (4), 3
111 *Phil*(ippische Reden) VI 18
112 *Phil* II 118
113 *Phil* XI 28
114 *Phil* XIV 17
115 *ad Brut* 25 (24), 6; 26 (25), 2
116 *ad Brut* 16 (23), 5
117 *ad Brut* 5 (8), 2 f
118 Plut Cic 49
119 Plut Cic 49

ZEITTAFEL

ZEUGNISSE

VELLEIUS PATERCULUS

Du hast nichts ausgerichtet, Antonius, sage ich . . . Cicero lebt und wird leben im Gedächtnis aller Zeiten, und solange diese Welt besteht – mag sie durch Zufall, durch göttliche Vorsehung oder auf welchem Weg auch immer entstanden sein – die er sozusagen als einziger Römer im Geiste geschaut, mit seinem Verstand erfaßt und durch seine Redegabe erhellt hat, so lange wird auch der Ruhm Ciceros die Welt auf ihrem Weg in die Ewigkeit begleiten. Alle Welt wird bewundern, was er gegen dich geschrieben hat, und wird verfluchen, was du an ihm getan hast, und das Gedächtnis seines Namens wird nicht schwinden, so lange es Menschen auf der Welt geben wird.

«Römische Geschichte». 29 n. Chr.

PLINIUS DER ÄLTERE

Gegrüßt seist du, den man den Vater des Vaterlandes genannt hat, der erste, der als Bürger im Gewand des Friedens den Triumph und den Rednerlorbeer verdient hat und zwar als Vater der Beredsamkeit ebenso wie der lateinischen Literatur – so hat sogar der Diktator Caesar, dein ehemaliger Feind, über dich geschrieben: «Ein Lorbeer, der alle militärischen Triumphe so weit überragt, wie es mehr bedeutet, das Territorium des römischen Geistes erweitert zu haben als das des römischen Reiches!»

«Naturgeschichte». 77 n. Chr.

PETRARCA

Deine Briefe, die ich lange Zeit viel gesucht und dort, wo ich sie am wenigsten vermutete, gefunden habe, begierig habe ich sie durchgelesen. Ich habe dich viel sagen, viel wehklagen, viel hin- und herreden hören, Marcus Tullius, und wenn ich auch längst wußte, was für ein Lehrer du gewesen bist, so habe ich jetzt endlich erkannt, was du für ein Mensch warst. Du aber, wo du auch immer sein magst, höre du nun auch diesen einen, von wahrer Liebe eingegebenen Rat – nein, nicht Rat, eher ein Schmerzensschrei, den einer deiner Nachfahren, der deinen Namen über alles liebt, sich nicht ohne Tränen abringt. O du stets Ruheloser und Ängstlicher – oder damit du deine eigenen Worte wiedererkennst, du vorschneller und unglückseliger Greis: Was hast du mit so vielen Händeln und so ganz und gar nutzlosen Streitigkeiten erreicht? Wo hast du die deinen Jahren, deinem Berufe und deinem Geschick gemäße Ruhe und Muße gelassen? Welcher falsche Ruhmesglanz hat dich, den alten Mann, in den Krieg der stürmischen Jugend hineingerissen, durch alle Wechselfälle des Schicksals gejagt und schließlich in diesen für einen Philosophen so unwürdigen Tod getrieben?

«Brief an M. T. Cicero». 1345

ERASMUS VON ROTTERDAM

Der heiligen Schrift kommt zwar der erste Platz zu, dennoch finde ich häufig bei den alten Heiden, ja, sogar bei den Dichtern Gedanken, die so rein, so heilig, so göttlich gesagt oder geschrieben sind, daß ich mir die Überzeugung nicht versagen kann, eine Art göttlicher Kraft habe sie beim Schreiben inspiriert. Und wer weiß, vielleicht hat sich der Geist Christi weiter verbreitet, als wir glauben. So gibt es viele Heilige, die nicht in unserem Kalender stehen. Ich will hier vor meinen Freunden meine Neigung nicht verhehlen: Ich kann das Buch Ciceros über das Alter, über die Freundschaft, über die Pflichten, die tuskulanischen Gespräche nicht lesen, ohne von Zeit zu Zeit das Buch zu küssen und mich zu verneigen vor seinem heiligen, ganz von göttlichem Odem erfüllten Herzen.

«Kolloquien, Convivium religiosum». 1518

JOHANN GOTTFRIED SEUME

Nun ging ich vergnügt und froh die schöne magische Gegend hinauf und hinab, bis hinunter, wo der Nachricht zufolge ehemals Ciceros Formiä stand, bis an den Liris hinab. Langsam wallte ich dahin; mir deuchte, ich sähe die Schatten des Redners und des Feldherrn, des Tullius und des Marius, daherziehen. Hier legte der Patriot den Kopf zur Sänfte heraus und ließ sich von dem Hauptmann, dem er das Leben gerettet hatte, entschlossen den Lohn für seine Philippiken zahlen. Es ist mir der ehrwürdigste Moment in Ciceros Leben; der einzige vielleicht, wo er wirklich ganz rein als selbständiger Mann gehandelt hat. Als er gegen Verres sprach, war es vielleicht Ruhmsucht, von der Rednerbühne zu glänzen; Gefahr war nicht dabei; als er gegen Catilina donnerte, stand seine Existenz auf dem Spiel, und er hatte keine andere Wahl, als zu handeln oder mit zugrunde zu gehen; als er gegen Antonius wütete, trieben ihn wahrscheinlich Haß und Parteisucht. Im Glück prahlte er, im Unglück jammerte er; er zeigte in seinem ganzen Leben oft viel Ehrlichkeit und Wohlwollen, aber nur im Tode den Mut, der dem Manne ziemt. Sein Tod hat mich in gewisser Rücksicht mit seinem Leben ausgesöhnt, so wie es Männer in der Geschichte gibt, deren Tod fast das Verdienst ihres Lebens auslöscht.

«Spaziergang nach Syrakus im Jahre 1802»

EDUARD NORDEN

Wenn wir nicht vor dem Feuer, das einige Reden gegen Catilina und Antonius durchtobt, uns zu erschrecken, die Eleganz und den Schwung der Diktion nicht zu bewundern, auf den Rhythmen uns nicht zu wiegen vermögen, wenn wir ferner nicht imstande sind, die zumal in ihrer Vereinigung doch wahrlich nicht leichten Künste guter Erzählung, plastischer Charakteristik, scharfer Verstandesoperationen in der Auffindung und feiner Psychologie in der Anwendung des Stoffes zu würdigen und sie als eine Kombination aller einzelnen Aretai der attischen Redner in einem einzigen Individuum geschichtlich zu verstehen und zu bewundern, so sind wir noch nicht so weit, daß von uns Quintilians, eines strengen Richters Wort gelten könnte: Ille se profecisse sciat, cui Cicero valde placebit (Der mag sicher sein, daß er Fortschritte gemacht hat, der großes Vergnügen an Cicero findet).

Gercke–Norden, «Einleitung in die klassische Altertumswissenschaft». 1910

OTTO SEEL

Cicero ist kein «Vorbild» – es sei denn in der Wachheit, mit der er sein Leben als das seinige lebte; Cicero liefert keine Lösungen, oder er liefert sie höchstens so, wie er seine philosophischen Lösungen verstanden wissen will: nur *speciminis causa*, als Beweis einer prinzipiellen Lösungsmöglichkeit, ohne dogmatischen Gültigkeitsanspruch. Ciceros Werk als ein ganzes gibt auf fast jede Frage mehr als *eine* Antwort. Aber jede Antwort ist nichts als eine andere Form der Frage an die Nachwelt, die ihre Antwort selber suchen muß und finden soll. Er ist – mag man ihn auch vielfach so mißdeutet haben – keineswegs der Apostel einer bürgerlichen Humanität oder eines rationalen Idealismus oder einer zivilen Wohlanständigkeit oder patriotischen Erbaulichkeit: mit alledem hätte er uns kaum mehr etwas zu sagen. Vielmehr ist er ein Mensch, der, indem er sich selbst und seiner Zeit Antworten gibt, uns und unserer Zeit Fragen stellt; Schlüsselfragen, Kardinalfragen – mit der Aufgabe und Auflage, mit unseren Antworten, wie immer sie ausfallen mögen, nicht hinter der Weite und Erschlossenheit seiner Antworten zurückzubleiben . . . Mögen immerhin andere Gestalten dem menschlichen Selbstgefühl mehr schmeicheln, mögen andere Helden erhebender und beglückender erlebt werden: Aber hier hat, in einer tief verworrenen, ausweglosen und in jedem äußeren und inneren Betrachte problematischen Zeit, ein Mensch mit keiner anderen Begnadung als der schlechthin und genuin humanen all diese Schäden und Gebresten seiner Gegenwart nicht blind verneint oder resolut übersprungen, sondern sich ihnen willig unterstellt und sie mit beharrlicher Treue in sich selber vollzogen. Und er hat trotzdem, oder vielmehr gerade dadurch die zeitlos gültige Grundsituation des Menschen, gemischt aus Glanz und Elend, aus Adel und Schwachheit, zwischen Gott und Tier, mit erstaunlicher Reinheit und Redlichkeit gelebt und gestaltet.

«Cicero. Wort. Staat. Welt». 1953

BIBLIOGRAPHIE

1. Wissenschaftliche Hilfsmittel

GELZER, M., KROLL, W., PHILIPPSON, R., BÜCHNER, K.: M. Tullius Cicero. In: Realen-
cyclopädie der classischen Altertumswissenschaft VII A, 1939 (auch als Sonderdruck
Stuttgart o. J.). Enthält die wichtigste Literatur
BOYANCÉ, P.: Extrait des actes du congrès de l'Association Guillaume Budé. Lyon 1958
FINGER, B.: Auswahl zu einer Cicero-Bibliographie der letzten Jahre. In: RADKE, G.
(Hg.): Cicero, ein Mensch seiner Zeit. Berlin 1968
Gymnasium 62, 1955: Beiträge zu Cicero
MERGUET, H.: Handlexikon zu Cicero. Nachdruck Hildesheim 1964

2. Werkausgaben und Übersetzungen

a) Reden und Briefe

M. Tulli Ciceronis Orationes, ed. A. C. CLARK. Oxford 1956 f
Cicero. The Speeches. Lat.-dt. London 1958 f (The Loeb Classical Library)
Cicéron. Orations. 20 Bde. Lat.-frz., Collection Budé. Paris 1918–1959
Cicero. Sämtliche Reden, übers. M. FUHRMANN, 7 Bde. Zürich–Stuttgart 1971 f
Cicero. Ausgewählte Reden, übers. W. BINDER u. a. Berlin–Stuttgart 1855–1910 (Lan-
genscheidts Klassikerbibliothek)
Cicero. Staatsreden, lat.-dt. I: Über den Oberbefehl des Cn. Pompeius, Über das
Ackergesetz, Gegen L. S. Catilina. II: Dankrede vor dem Senat, Dankrede vor dem
Volk, Rede für sein Haus, Über die konsularischen Provinzen, Über die Gutachten
der Haruspices, Gegen Piso. III: Die Philippischen Reden. Übers. H. KASTEN.
Berlin–Darmstadt 1969 f
Cicero. Vier Reden gegen Catilina, übers. D. KLOSE. Stuttgart 1970
Cicero. Rede über den Oberbefehl des Cn. Pompeius. Rede für den Dichter A. Licinius
Archias, übers. O. SCHÖNBERGER. Stuttgart 1968
Cicero. Rede für S. Roscius aus Ameria, Erste Rede gegen Verres, Rede für Sestius,
übers. M. GIEBEL. München 1970
Cicero. Drei Reden vor Caesar: Für Marcellus, Für Ligarius, Für den König Deiotarus,
übers. M. GIEBEL. Stuttgart 1970
Cicero. Rede für Milo. Lat.-dt. ed. M. GIEBEL. Stuttgart 1972
M. T. Ciceronis epistulae ad Atticum. Ed. W. S. WATT u. D. R. SHACKLETON BAILEY.
Oxford 1961 f
Cicero's Letters to Atticus, übers. u. komm. D. R. SHACKLETON BAILEY. Cambridge
1965 f
TYRELL, R. Y., PURSER, L. C.: The Correspondence of M. Tullius Cicero. Dublin–Lon-
don 1904 f – Nachdruck: Hildesheim 1969
M. Tulli Ciceronis epistulae ad Atticum, rec. H. SJÖGREN. Leipzig 1916 f
M. T. Ciceronis epistulae ad familiares, rec. H. SJÖGREN. Leipzig 1923 f
Cicero. Letters to Atticus. Lat.-engl. ed. E. O. WINSTEDT (Loeb Classical Library)
Cicero. Letters to his friends. Lat.-engl. ed. W. GLYNN WILLIAMS (Loeb Classical
Library)

M. Tullius Ciceros sämtliche Briefe, übers. u. komm. CH. M. WIELAND. Zürich 1808f
Cicero. Atticusbriefe. Lat.-dt. ed. H. KASTEN. München 1959
Cicero. An seine Freunde. Lat.-dt. ed. H. KASTEN. München 1964
Cicero. An den Bruder Quintus, An Brutus, Über die Bewerbung. Lat.-dt. ed. H. KASTEN. München 1965
SCHMIDT, O. E.: Der Briefwechsel des M. T. Cicero von seinem Prokonsulat in Cilicien bis zu Caesars Ermordung. Leipzig 1893
BARDT, C.: Ausgewählte Briefe aus ciceronischer Zeit. Text u. Komm. Leipzig 1904
M. T. Cicero. Briefe aus der Zeit der Herrschaft Caesars. Ed. H. DAHLMANN. Heidelberger Texte Lat. Reihe Bd. 17. Heidelberg 1949
Cicero und seine Welt. Auswahl aus den Briefen. Ed. E. RÖMISCH. Frankfurt 1962
Cicero. Mensch und Politiker. Auswahl aus seinen Briefen, übers. W. Ax. Stuttgart 1953

b) Philosophische Schriften

M. T. Ciceronis Philosophica omnia. Ed. J. A. GOERENZ. Leipzig 1809f
Cicero. Academica. Ed. J. S. REID. Hildesheim 1966
Cicero. Academica. Lat.-engl. ed. H. RACKHAM (Loeb Classical Library)
Cicero. Cato der Ältere. Über das Alter. Lat.-dt. ed. M. FALTNER. München 1963
Cicero. Cato der Ältere, Über das Greisenalter, übers. R. A. SCHROEDER. München 1924
M. T. Ciceronis De divinatione libri duo. Ed. A STANLEY PEASE. Darmstadt 1963
Cicero. Von der Weissagung, übers. R. KÜHNER. München o. J.
Cicero. De Fato. Über das Fatum. Lat.-dt. ed. K. BAYER. München 1963
Cicero. De finibus bonorum et malorum libri V, rec. J. N. MADVIG. Nachdruck Hildesheim 1965
Cicero. De finibus. Lat.-engl. ed. H. RACKHAM (Loeb Classical Library)
Cicero. Von den Grenzen im Guten und Bösen. Lat.-dt. ed. K. ATZERT. Zürich 1964
Cicero. De finibus bonorum et malorum. Lat.-dt. ed. A. KABZA. München 1960
Cicero. Vom höchsten Gut und größten Übel, übers. R. KÜHNER. München o. J.
Cicero. De legibus libri tres. Ed. F. CREUZER. Nachdruck Hildesheim 1971
Cicero. De legibus. Ed. K. ZIEGLER. Heidelberger Texte Lat. Reihe Bd. 20. Heidelberg 1950
Cicero. De Republica and De Legibus. Lat.-engl. ed. C. W. KEYES (Loeb Classical Library)
Cicero. Über die Rechtlichkeit (de legibus), übers. K. BÜCHNER. Stuttgart 1969
Cicero. Über die Gesetze, übers. E. BACHER u. L. WITTMANN. Reinbek 1969 (Rowohlts Klassiker. 239)
M. T. Ciceronis de natura deorum libri tres. Ed. A. STANLEY PEASE. Darmstadt 1969
Cicero. De natura deorum and Academica. Lat.-engl. ed. H. RACKHAM (Loeb Classical Library)
Cicero. Vom Wesen der Götter, übers. A. KABZA. München o. J.
Cicero. Staatstheoretische Schriften (De re publica. De legibus). Lat.-dt. ed. K. ZIEGLER. Berlin–Darmstadt 1972
Cicero. De Republica and de Legibus; Somnium Scipionis. Lat.-engl. ed. C. W. KEYES (Loeb Classical Library)
Cicero. Über den Staat, übers. W. SONTHEIMER. Stuttgart 1963
Cicero. Vom Gemeinwesen. Lat.-dt. ed. K. BÜCHNER. Zürich 1952

Cicero. Der Staat, übers. R. Beer. Reinbek 1964 (Rowohlts Klassiker. 162)
Cicero. De officiis. Vom rechten Handeln. Lat.-dt. ed. K. Büchner. Zürich 1965
Cicero. De Officiis. Lat.-engl. ed. W. Miller (Loeb Classical Library)
Cicero. Vom pflichtgemäßen Handeln (De officiis), übers. K. Atzert. München o. J.
Cicero, Laelius de amicitia dialogus. Ed. C. F. W. Müller, komment. v. M. Seyffert. Nachdruck Hildesheim 1965
Cicero. Laelius. Ed. K. Meister. Heidelberger Texte Lat. Reihe Bd. 2
Cicero. Laelius. Über die Freundschaft. Lat.-dt. ed. M. Faltner. München 1961
Cicero. De Senectute, De Amicitia (Laelius), De Divinatione. Lat.-engl. ed. W. A. Falconer (Loeb Classical Library)
Cicero. Gespräche in Tusculum. Lat.-dt. ed. K. Büchner. Zürich 1952
Cicero. Gespräche in Tusculum. Lat.-dt. ed. O. Gigon. München 1951
Cicero. Tusculan Disputations. Lat.-engl. ed. J. E. King (Loeb Classical Library)
Cicero. Tuskulanische Gespräche, übers. A. Kabza. München o. J.

c) Rhetorische Schriften

Cicero. Rhetorica. Ed. A. S. Wilkins. I: De Oratore. II.: Brutus. Oxford 1963 f
Cicero. Brutus. (Lat.) ed. K. Barwick. Heidelberger Texte, Lat. Reihe Nr. 14
Cicero. Brutus. Lat.-dt. ed. B. Kytzler. München 1970
Cicero. Brutus and Orator. Lat.-engl. ed. G. L. Hendrickson (Loeb Classical Library)
Cicero. Brutus (und Orator), übers. J. Sommerbrodt, ed. M. Giebel. München 1967
Cicero. De inventione, De optimo genere oratorum, Topica. Lat.-engl. ed. H. M. Hubbell (Loeb Classical Library)
Cicero. Von der rhetorischen Erfindungskunst, übers. G. H. Moser. Stuttgart 1857
Cicero. Orator. (Lat.) ed. O. Seel. Heidelberger Texte, Lat. Reihe Nr. 21
Cicero. M. Tulli Ciceronis ad M. Brutum Orator. Ed. J. E. Sandys. Nachdruck Hildesheim 1972
Cicero. De oratore libri tres, ed. A. S. Wilkins. Nachdruck Hildesheim 1965
Cicero. De Oratore etc. Lat.-engl. ed. H. Rackham (Loeb Classical Library)
Cicero. Vom Redner, übers. R. Kühner. München o. J.
Cicero. De oratore – Über den Redner. Lat.-dt. ed. H. Merklin. Stuttgart 1976

3. Antike Zeugnisse

Sallustius. Catilinae coniuratio. Ed. Haas und Römisch. Frankfurt 1959
Sallust. Die Verschwörung des Catilina. Lat.-dt. ed. J. Lindawern. Reinbek 1964 (Rowohlts Klassiker. 165)
Velleius Paterculus, Opera. Lat.-engl. ed. F. W. Shipley (Loeb Classical Library)
Velleius Paterculus. Römische Geschichte, übers. F. Eyssenhardt. Stuttgart 1865
Plutarchi Vitae Parallelae, ed. Cl. Lindskog u. K. Ziegler. Stuttgart 1968
Plutarch. Große Griechen und Römer. Bd. IV: Cicero. Übers. K. Ziegler. Zürich 1966
Dio Cassius. Roman History. Lat.-engl. ed. E Cary (Loeb Classical Library)
Cassius Dio. Römische Geschichte, übers. D. L. Tafel. Stuttgart 1831 f
Appians's Roman History. Lat.-engl. ed. H. White (Loeb Classical Library)
Appian. Römische Geschichte, übers. F. Dillenius. Stuttgart 1828 f

146

4. Allgemeine Darstellungen zur römischen Politik und Geschichte

ADCOCK, F. E.: The Roman Republic. In: The Cambridge Ancient History IX, 1951

ADCOCK, F. E.: Römische Staatskunst. Göttingen 1961

ALTHEIM, F.: Römische Geschichte II. Slg. Göschen. Berlin 1956

BÜCHNER, K.: Die römische Politik im römischen Staatsdenken. Freiburg 1947

CHRIST, K. u. a.: Römische Geschichte. Eine Bibliographie. Darmstadt 1972

GELZER, M.: Caesar. Der Politiker und Staatsmann. Wiesbaden 1960

GELZER, M.: Die römische Gesellschaft zur Zeit Ciceros. – Die Entstehung der römischen Nobilität. In: Kleine Schriften I. Wiesbaden 1964

GELZER, M.: Die Nobilität der römischen Republik. Leipzig–Berlin 1912

GELZER, M.: Pompeius. München 1959

HEUSS, A.: Römische Geschichte. Braunschweig 1960

KLEIN, R. (Hg.): Das Staatsdenken der Römer. Wege der Forschung XLVI. Darmstadt 1966

KROLL, W.: Die Kultur der ciceronischen Zeit. Darmstadt 1963

MEIER, CHR.: Res Publica Amissa. Wiesbaden 1966

MEYER, E.: Caesars Monarchie und das Principat des Pompejus. Darmstadt 1963

MEYER, E.: Römischer Staat und Staatsgedanke. Darmstadt 1961

MÜNZER, F.: Römische Adelsparteien und Adelsfamilien. Darmstadt 1963

OETEGHEM, J. VAN: Pompée le Grand, bâtisseur d'empire. Brüssel 1954

ROSS TAYLOR, L.: Party Politics in the Age of Caesar. Berkeley 1949

SCHUR, W.: Homo novus. Ein Beitrag zur Sozialgeschichte der sinkenden Republik. Bonner Jahrbücher 134, 1929

STRASBURGER, H.: Caesars Eintritt in die Geschichte. Darmstadt 1966

STRASBURGER, H.: Caesar im Urteil seiner Zeitgenossen. Darmstadt 1968

STRASBURGER, H.: Concordia ordinum. Frankfurt 1931

SYME, R.: Die römische Revolution. Stuttgart 1957

VOGT, J.: Homo novus. Ein Typus der römischen Republik. Stuttgart 1926

VOGT, J.: Weltreich und Krise. Römische Republik II. Freiburg 1962

5. Darstellungen und Biographien

BOISSIER, G.: Cicéron et ses amis. Nachdruck: Hildesheim 1972 (dt.: Cicero und seine Freunde, übers. E. Doehler. Leipzig 1869)

BÜCHNER, K.: Cicero. Bestand und Wandel seiner geistigen Welt. Heidelberg 1964

BÜCHNER, K.: Studien zur römischen Literatur II: Cicero. Wiesbaden 1962

BÜCHNER, K. (Hg.): Das neue Cicerobild. Wege der Forschung XXVII. Darmstadt 1972

CIACERI, E.: Cicerone e i suoi tempi. Mailand 1926 f

COWELL, F.: Cicero and the Roman Republic. London 1948

GELZER, M., KROLL, W., PHILIPPSON, R., BÜCHNER, K.: M. Tullius Cicero, Einzeldruck aus Paulys Realencyclopädie der classischen Altertumswissenschaft. Stuttgart o. J.

GELZER, M.: Cicero. Ein biographischer Versuch. Wiesbaden 1969

KYTZLER, B. (Hg.): Ciceros literarische Leistung. Wege der Forschung CCXL. Darmstadt 1973 (mit Bibliographie)

NICOLET, C., MICHEL, A.: Cicéron. «Écrivains de Toujours». Paris o. J.

PETERSON, T.: Cicero. A Biography. Berkeley 1920

PLASBERG, O.: Cicero in seinen Werken und Briefen. Darmstadt 1962

Radke, G. (Hg.): Cicero, ein Mensch seiner Zeit. Acht Vorträge zu einem geistesge-
schichtlichen Phänomen. Berlin 1968
Schulte, K. H.: Cicero, Repräsentant des Römertums. In: Der altsprachliche Unter-
richt 5, 3, 1962
Schwartz, E.: Charakterköpfe aus der Antike. Leipzig 1943
Seel, O.: Cicero. Wort, Staat, Welt. Stuttgart 1953
Seel, O.: Vox humana. Ein Lesebuch aus Cicero. Stuttgart 1963
Sihler, E. G.: Cicero of Arpinum. New York 1953
Smith, R. E.: Cicero the Statesman. New York 1966
Stockton, D.: Cicero. A Political Biography. Oxford 1971
Utčenko, S. L.: Cicerone e il suo tempo. Rom 1975
Zierer, O.: Cicero. Republikaner ohne Republik. München 1977

6. Einzeluntersuchungen

a) Zu den Grundzügen seines Lebens und Schaffens

Barwick, K.: Das rednerische Bildungsideal Ciceros. Berlin 1963; jetzt in: Ciceros
literarische Leistung. Hg. B. Kytzler. Darmstadt 1973
Boyancé, P.: Études sur l'humanisme cicéronien. Brüssel, Collection Latomus 121,
1970 (mit Forschungsbericht)
Bringmann, K.: Untersuchungen zum späten Cicero. In: Hypomnemata 29. Göttin-
gen 1971
Burck, E.: Ciceros rhetorische Schriften. In: Der altsprachliche Unterricht 9, 1, 1966
Ferguson, J. u. a.: Studies in Cicero. Coll. di studi ciceroniani 2, Rom 1963
Fuchs, H.: Ciceros Hingabe an die Philosophie. Basel 1959; jetzt in: Das neue
Cicerobild. Hg. K. Büchner. Darmstadt 1971
Gelzer, M.: Cicero und Caesar. In: Sitz. ber. d. Wiss. Gesellsch. a. d. J. W.-Goethe-
Univ. Frankfurt/M., Bd. 7, Nr. 1. Wiesbaden 1968
Gigon, O.: Cicero und Aristoteles. In: Hermes 87, 1959
Görler, W.: Untersuchungen zu Ciceros Philosophie. Heidelberg 1974
Graff, J.: Ciceros Selbstauffassung. Heidelberg 1963
Haffter, H.: Ciceros griechische Reise. In: Römische Politik und römische Politiker.
Heidelberg 1967
Häfner, S.: Ciceros literarische Pläne. Diss. München 1928
Harder, R.: Die Einbürgerung der Philosophie in Rom. In: Kleine Schriften. Mün-
chen 1960; jetzt in: Das neue Cicerobild
Heinze, R.: Ciceros politische Anfänge. In: Vom Geist des Römertums. Darmstadt
1960
Homeyer, H.: Die antiken Berichte über den Tod Ciceros und ihre Quellen. In: Dt.
Beitr. z. Altertumswiss. Bd. 18. Baden-Baden 1964
Hommel, H.: Cicero und der Peripatos. In: Gymnasium 62, 1955
Hunt, H. A.: The Humanism of Cicero. London–New York 1954
Johannemann, R.: Cicero und Pompeius. Diss. Münster 1935
Klass, J.: Cicero und Caesar. Ein Beitrag zur Aufhellung ihrer gegenseitigen Bezie-
hungen. Berlin 1939
Klingner, F.: Cicero. In: Römische Geisteswelt. München 1961
Klingner, F.: Humanität und Humanitas. In: Beiträge zur geistigen Überlieferung.
Godesberg 1947

KNOCHE, U.: Die geistige Vorbereitung der augusteischen Epoche durch Cicero. In: Römertum. Wege der Forschung XVIII. Darmstadt 1970

KNOCHE, U.: Cicero, ein Mittler griechischer Geisteskultur. In: Hermes 87, 1959; jetzt in: Römische Philosophie. Hg. G. MAURACH. Darmstadt 1976

KRETSCHMAR, M.: Otium, studia litterarum, Philosophie und βίος θεωρητικός im Leben und Denken Ciceros. Diss. Leipzig 1938

LEPORE, E.: Il princeps ciceroniano e gli ideali politici della tarda repubblica. Neapel 1954

LOSSMANN, F.: Cicero und Caesar im Jahre 54. Studien zur Theorie und Praxis der römischen Freundschaft. In: Hermes Einzelschriften 17. Wiesbaden 1962

MAFFII, M.: Cicerone e il suo dramma politico. Mailand 1957 (dt. Cicero und seine Zeit. Zürich 1943)

MEIER, CHR.: Ciceros Konsulat. In: Cicero, ein Mensch seiner Zeit. Hg. G. RADKE. Berlin 1968

MEYER, J.: Humanitas bei Cicero. Diss. Freiburg 1951

MICHEL, A.: Rhetorique et philosophie chez Cicéron. Paris 1960

MITCHELL, TH. N.: Cicero's Ideas on Statesmanship as seen in his Speeches. Diss. Ithaca, New York 1966

POMPE, J.: Wesen und Wirkung der auctoritas maiorum bei Cicero. Diss. Münster 1935

PÖSCHL. V.: Römischer Staat und griechisches Staatsdenken bei Cicero. Berlin 1936. Nachdruck: Darmstadt 1974

RAHN, H.: Demosthenes und Cicero. Zur Frage der geistigen Einheit der Antike. Atti I Congr. Studi Ciceron. 1. Rom 1961

RAHN, H.: Cicero und die Rhetorik. In: Ciceros literarische Leistung. Hg. B. KYTZLER. Darmstadt 1973

RAMBAUD, M.: Cicéron et l'histoire Romaine. Paris 1953

RINTELEN, K. L.: Cicero und Caesar. Diss. Marburg 1955

SCHÄFER, M.: Cicero und der Prinzipat des Augustus. In: Gymnasium 64, 1957

SCHMIDT, O. E.: Ciceros Villen. Nachdruck Darmstadt 1972

SEEL, O.: Die Invektive gegen Cicero. Leipzig 1943

WEISCHE, A.: Cicero und die Neue Akademie. Untersuchungen zur Entstehung des antiken Skeptizismus. In: Orbis antiquus 18. Münster 1961

WEISCHE, A.: Ciceros Nachahmung der attischen Redner. Heidelberg 1971

WIEACKER, FR.: Cicero als Advokat. Berlin 1965

WILDAPFEL, F.: Das Zeitalter der Scipionen in den Werken von Cicero. In: Academia Scientiarum Polona, Acta Sessionis Ciceronianae. Warschau 1966

WILLRICH, H.: Cicero und Caesar. Göttingen 1944

VOGT, J.: Ciceros Glaube an Rom. Darmstadt 1963

b) Zu den Werken

ALBRECHT, M. V., VESTER, H.: Ciceros Rede für Archias. Heidelberg 1970

BECKER, E.: Technik und Szenerie des ciceronischen Dialogs. Diss. Münster 1938

BOYANCÉ, P.: Les problemes du De republica de Cicéron. Paris 1964

BÜCHNER, K.: Das Somnium Scipionis und sein Zeitbezug. In: Gymnasium 69, 1962

BÜCHNER, K.: Somnium Scipionis. In: Hermes Einzelschriften 36, 1976

BÜCHNER, K.: Der Eingang von Ciceros Staat. In: Hommages à J. Bayet. Coll. Latomus 70, 1964

BÜCHNER, K.: Der Laelius Ciceros. Museum Helveticum 9, 1952

BÜCHNER, K.: Sinn und Entstehung von Ciceros De legibus. Atti I Congr. Studi Ciceron. 2. Rom 1961

BÜCHNER, K.: Der Tyrann und sein Gegenbild in Ciceros «Staat». In: Hermes 80, 1952

BURCK, E.: Ciceros rhetorische Schriften. In: Der altsprachliche Unterricht 9, 1, 1966

DRIJEPOUDT, H. L. F.: Ciceros Laelius de amicitia, eine Einheit. In: A. Class. 6, 1963

DREXLER, H.: Materialien zur Catilinarischen Verschwörung. Darmstadt 1972

GELZER, M.: Ciceros Brutus als politische Kundgebung. In: Kleine Schriften II. Wiesbaden 1964

GIGON, O.: Die Szenerie des ciceronianischen Hortensius. In: Philologus 106, 1962

HARDER, R.: Das Prooemium von Ciceros Tusculanen. In: Kleine Schriften. München 1960

HARDER, R.: Über Ciceros Somnium Scipionis. In: Kleine Schriften. München 1960

HEINZE, R.: Ciceros «Staat» als politische Tendenzschrift. In: Vom Geist des Römertums. Darmstadt 1960

HIRZEL, R.: Der Dialog. Leipzig 1895

HIRZEL, R.: Untersuchungen zu Ciceros philosophischen Schriften. Leipzig 1877 f

HOMMEL, H.: Ciceros Gebetshymnus an die Philosophie Tusculanen V 5. Heidelberg 1968

KLINGNER, F.: Ciceros Rede für den Schauspieler Roscius. Eine Episode in der Entwicklung seiner Kunstprosa. Sitz. ber. d. bayer. Akad. d. Wiss. Heft 4. München 1953; jetzt in: Studien zur griechischen und römischen Literatur. Zürich–Stuttgart 1964

KNOCHE, U.: Ciceros Verbindung der Lehre vom Naturrecht mit dem römischen Recht und Gesetz (de legibus). In: Cicero, ein Mensch seiner Zeit. Hg. G. RADKE. Berlin 1968

MICHEL, A.: Le Dialogue des orateurs et la philosophie de Cicéron. In: Études et Commentaires 44. Paris 1962

NEUMEISTER, CHR.: Grundzüge der forensischen Rhetorik gezeigt an Gerichtsreden Ciceros. München 1964

NIEDERBERGER, P.: Die Staatstheorie Ciceros im Spiegel seiner Reden. In: Progr. Einsiedeln 1942

RICKEN, W.: Zur Entstehung des Laelius de amicitia. In: Gymnasium 62, 1955

RÖMISCH, E.: Umwelt und Atmosphäre, Gedanken zur Lektüre von Ciceros Reden. In: Cicero, ein Mensch seiner Zeit. Hg. G. RADKE. Berlin 1968

RUCH, M.: Le Préambule dans les œuvres philosophiques de Cicéron. Paris 1958

RUCH, M.: L'Hortensius de Cicéron. Paris 1958

SEEL, O.: Cicero und das Problem des römischen Philosophierens. In: Cicero, ein Mensch seiner Zeit. Hg. G. RADKE. Berlin 1968

SCHMIDT, P. L.: Interpretationen und chronologische Grundfragen zu Ciceros Werk de legibus. Diss. Freiburg 1959

SCHULTE, H. K.: Orator. Untersuchungen über das ciceronianische Bildungsideal. Frankfurt 1935

STEIDLE, W.: Einflüsse römischen Lebens und Denkens aus Ciceros Schrift De oratore. In: Museum Helveticum 9, 1952; jetzt in: Ciceros literarische Leistung. Hg. B. KYTZLER. Darmstadt 1973

STROH, W.: Taxis und Taktik. Die advokatische Dispositionskunst in Ciceros Gerichtsreden. Stuttgart 1975

SÜSS, W.: Cicero, eine Einführung in seine philosophischen Schriften. In: Mainzer Akademie d. Wiss. Wiesbaden 1966

Süss, W.: Die dramatische Kunst in den philosophischen Dialogen Ciceros. In: Hermes 80, 1952

Vogt, J.: Cicero und Sallust über die Catilinarische Verschwörung. Darmstadt 1966

c) Zur antiken Rhetorik

Clark, D. L.: Rhetoric in Greco-Roman Education. New York 1957

Clarke, M. L.: Die Rhetorik bei den Römern. Göttingen 1968

Eisenhut, W.: Einführung in die antike Rhetorik und ihre Geschichte. Darmstadt 1974

Kennedy, G.: The Art of Rhetoric in the Roman World. Princeton 1972

Lausberg, H.: Elemente der literarischen Rhetorik. München 1963

Marrou, H. I.: Geschichte der Erziehung im klassischen Altertum. Freiburg–München 1957

Neumeister, Chr.: Grundsätze der forensischen Rhetorik, gezeigt an Gerichtsreden Ciceros. München 1964

Norden, E.: Die antike Kunstprosa. Neudruck Darmstadt 1974

Rahn, H.: Morphologie der antiken Literatur. Darmstadt 1969

Volkmann, R.: Die Rhetorik der Griechen und Römer. Leipzig 1885

Zur Rhetorik I in: Der altsprachliche Unterricht, Reihe X 1967, Heft 2; II: Reihe XI 1968, Heft 4

7. Zur Wirkungsgeschichte

Claassen, C. J.: Cicerostudien in der Romania. In: Cicero, ein Mensch in seiner Zeit. Hg. v. G. Radke. Berlin 1968

Dilthey, W.: Weltanschauung und Analyse des Menschen seit Renaissance und Reformation u. a. In: Gesammelte Schriften II. Leipzig–Berlin 1914

Richter, W.: Das Cicerobild der römischen Kaiserzeit. In: Cicero, ein Mensch seiner Zeit. Hg. G. Radke. Berlin 1968

Rolfe, J. C.: Cicero and his influence. New York 1963

Rüegg, W.: Cicero und der Humanismus. Zürich 1946

Sabbadini, R.: Storia del ciceronianismo. Turin 1885

Testard, P. M.: Saint Augustin et Cicéron. Paris 1958

Weil, B.: 2000 Jahre Cicero. Zürich 1962

Zielinski, Th.: Cicero im Wandel der Jahrhunderte. Nachdruck Darmstadt 1967

Die kursiv gesetzten Zahlen bezeichnen die Abbildungen

ÜBER DIE AUTORIN

Dr. MARION GIEBEL, geboren 1939 in Frankfurt am Main. 1950 bis 1959 Besuch des humanistischen Friedrichsgymnasiums in Kassel, Schülerin von Friedrich Walsdorff. 1959 bis 1965 Studium der Klassischen Philologie und Germanistik an der Johann-Wolfgang-Goethe-Universität in Frankfurt am Main. Promotion bei Harald Patzer über «Athene als göttliche Helferin in der Odyssee. Zum Problem der epischen Aristie», (Heidelberg 1966). Anschließend Verlagsvolontariat. Als Verlagslektorin Herausgabe griechischer, lateinischer und deutscher Literatur (u. a. Demosthenes, Cicero, Lessing, Jean Paul). Freiberufliche Tätigkeit als Übersetzerin, Herausgeberin und Autorin. Zweisprachige Ausgaben Lateinisch-Deutsch mit Einführung und Kommentar. Mehrere Bände Cicero-Reden, Briefe Ciceros, Quintilian, Sueton, Augustus, Plutarch. Rundfunksendungen mit Themen aus der römischen Antike. Daneben Buchübersetzungen aus dem Englischen.

rowohlts mono

IN SELBSTZEUGNISSEN
UND BILDDOKUMENTEN
HERAUSGEGEBEN
VON KURT KUSENBERG

graphien

E/XII—77

NOVALIS / Gerhard Schulz [154]
POE / Walter Lennig [32]
PROUST / Claude Mauriac [15]
RAABE / Hans Oppermann [165]
RILKE / Hans Egon Holthusen [22]
ERNST ROWOHLT / Paul Mayer [139]
SAINT-EXUPERY / Luc Estang [4]
SARTRE / Walter Biemel [87]
SCHILLER / Friedrich Burschell [14]
F. SCHLEGEL / Ernst Behler [123]
SCHNITZLER / Hartmut Scheible [235]
SHAKESPEARE / Jean Paris [2]
G. B. SHAW / Hermann Stresau [59]
SOLSCHENIZYN / R. Neumann-Hoditz [210]
STIFTER / Urban Roedl [86]
STORM / Hartmut Vinçon [186]
SWIFT / Justus Franz Wittkop [242]
DYLAN THOMAS / Bill Read [143]
LEV TOLSTOJ / Janko Lavrin [57]
TRAKL / Otto Basil [106]
TUCHOLSKY / Klaus-Peter Schulz [31]
WALTHER VON DER VOGELWEIDE / Hans-Uwe Rump [209]
WEDEKIND / Günter Seehaus [213]
OSCAR WILDE / Peter Funke [148]
CARL ZUCKMAYER / Thomas Ayck [256]

PHILOSOPHIE

ERNST BLOCH / Silvia Markun [258]
CICERO / Marion Giebel [261]
ENGELS / Helmut Hirsch [142]
ERASMUS VON ROTTERDAM / Anton J. Gail [214]
GANDHI / Heimo Rau [172]
HEGEL / Franz Wiedmann [110]
HEIDEGGER / Walter Biemel [200]
HERDER / Friedr. W. Kantzenbach [164]
HORKHEIMER / Helmut Gumnior u. Rudolf Ringguth [208]
JASPERS / Hans Saner [169]
KANT / Uwe Schultz [101]
KIERKEGAARD / Peter P. Rohde [28]
LEIBNIZ / F. Richard Cowell [249]
GEORG LUKÁCS / Fritz J. Raddatz [193]
MARX / Werner Blumenberg [76]
NIETZSCHE / Ivo Frenzel [115]
PASCAL / Albert Béguin [26]
PLATON / Gottfried Martin [150]
KARL POPPER / Helmut Gumnior [255]
ROUSSEAU / Georg Holmsten [191]

SCHLEIERMACHER / Friedrich Wilhelm Kantzenbach [126]
SCHOPENHAUER / Walter Abendroth [133]
SOKRATES / Gottfried Martin [128]
SPINOZA / Theun de Vries [171]
RUDOLF STEINER / J. Hemleben [79]
VOLTAIRE / Georg Holmsten [173]
MAX WEBER / Horst Baier [216]

RELIGION

SRI AUROBINDO / Otto Wolff [121]
JAKOB BÖHME / Gerhard Wehr [179]
BONHOEFFER / Eberhard Bethge [236]
MARTIN BUBER / Gerhard Wehr [147]
BUDDHA / Maurice Percheron [12]
EVANGELIST JOHANNES / Johannes Hemleben [194]
FRANZ VON ASSISI / Ivan Gobry [16]
JESUS / David Flusser [140]
LUTHER / Hanns Lilje [98]
MÜNTZER / Gerhard Wehr [188]
PAULUS / Claude Tresmontant [23]
RAMAKRISCHNA / Solange Lemaître [60]
TEILHARD DE CHARDIN / Johannes Hemleben [116]

GESCHICHTE

ADENAUER / Gösta von Uexküll [234]
ALEXANDER DER GROSSE / Gerhard Wirth [203]
BAKUNIN / Justus Franz Wittkop [218]
BEBEL / Helmut Hirsch [196]
BISMARCK / Wilhelm Mommsen [122]
WILLY BRANDT / Carola Stern [232]
CAESAR / Hans Oppermann [135]
CHURCHILL / Sebastian Haffner [129]
FRIEDRICH II. / Georg Holmsten [159]
FRIEDRICH II. VON HOHENSTAUFEN / Herbert Nette [222]
CHE GUEVARA / Elmar May [207]
GUTENBERG / Helmut Presser [134]
HO TSCHI MINH / Reinhold Neumann-Hoditz [182]
W. VON HUMBOLDT / Peter Berglar [161]
JEANNE D'ARC / Herbert Nette [253]
KARL DER GROSSE / Wolfgang Braunfels [187]